ポップカルチャー
で学ぶ
社会学入門

「当たり前」を問い直すための視座

遠藤英樹 著

ミネルヴァ書房

まえがき

　皆さん，こんにちは。

　本書を手にとって頂いた皆さんと，文字の上であっても，このようにお会いできてとても嬉しいです。

　ところで，先の「こんにちは」のような挨拶と同じく，私たちは何気なく，「おはよう」「元気？」など，毎日いろいろな挨拶を交わしながら生きています。

　「今日は良い天気だね」というのも，その一つです。

　でも，どうして，そんなことを言うのか，考えたことがないでしょうか？「今日は良い天気かどうかなんて，空を見上げればわかるのに，一々それをどうして口に出して言うのだろう？」と。

　実際，小学生の時に私も母親にそんなことを尋ねて，こっぴどく叱られことがあります。それでも，人はどうしてそういうことを言い合うのか，不思議でなりませんでした。大学に入って，この疑問について社会学で考えることができると知った時，私は，「え？　そんなこと考えてもいいの？」とびっくりしました。

　でも同時に，学問というものが初めて楽しいと感じました。この疑問を社会学で考えてみると，お天気の挨拶をすることで，私たちは知らない間に次の2つのことをしているのです。

　　① 　一つは，「晴れている／晴れていない」という情報を伝達し合うということ。
　　② 　もう一つは，そういうことを口にすることで，コミュニケーションの取っ掛かりをつかむということ。

社会学では，これらのことを「顕在的機能」と「潜在的機能」と言います。

「顕在的機能」というのは，「そのままの（顕在的：つまり見えているままの）はたらき」のことですね。「今日は良い天気だね」と口に出すことで，「晴れている／晴れていない」という情報を交換し合うとするならば，それは，そのままの言葉のはたらき（顕在的機能）というわけです。

「潜在的機能」というのは，そうすることで実は知らない間にやってしまっているような「隠されたはたらき」のことです。「今日は良い天気だね」と口に出すことで，一々意識してはいないのだけれど，コミュニケーションの取っ掛かりをつかめているのだとするなら，それは「潜在的機能」となります。

こんな風に考えると，「今日は良い天気だね」という挨拶は，「顕在的機能」としてはどうでもよい言葉なのかもしれません。だって，空を見上げたら，晴れているかどうかわかるのですから。でも「潜在的機能」としては違います。「今日は良い天気だね」という挨拶は，その形式（儀礼）が社会のコミュニケーションの潤滑油になって，社会がうまくまわっているということになるのです。

こんな風に社会には，たくさんの不思議に満ち溢れています。お天気の挨拶だけではありません。

① なぜ机を「机」という言葉，いすを「いす」という言葉で呼ぶのか？
（中学生の時に先生に尋ねて怒られました）
② 「この机」と「あの机」，形も色も違っているのに，それでも「机」という同じ言葉で言えるのはどうしてなのか？
③ 私たちがのどから鳴らしている音が，ネコが「グルル」と言っているような音ではなく，なぜ「意味あるまとまりを持った言葉」だと認識できるのか？（奥さんに言ってあきれられました）
④ 結婚式や成人式はどうして行うのか？
⑤ 全国いろいろな所から人が集まっている集団であっても，なぜ練習しなくても，「起立，礼」を揃えてすることができるのか？

⑥　どうして国語・算数・理科・社会といった教科しかなくて,「いぬ」好きの人が習いたいと思っていても「いぬ」という教科はないのか？

⑦　なぜ教室では前を向かなければいけないのか？（中学生の頃,授業中よく横を向いて教室の窓の外を見ていて怒られていたので,疑問に感じていました）

⑧　モノが私たちに語りかけてはこないと,どうして人は考えるのか？（幼い頃に私は鉛筆やらいろいろなモノとおしゃべりしていて,母親がすごく心配しました。成長するとあまりしなくなりましたが,今でも時々します。（笑））

⑨　心はどこにあるのか？　頭？　胸？　もしかすると,おなか？　いや,おしりだったら……（嫌だな）。

⑩　ウソとは何か？　事実と異なっていることがウソだと言うなら,事実とは何なのか？

など,本当にたくさんの不思議に満ち溢れています。

　もしかすると,それらはついつい何の疑問も思わずに,通り過ぎてしまうようなものかもしれません。でも社会学は,そうした不思議を「当たり前」だと通り過ぎてしまうのではなく,少しだけたちどまって,丁寧に解きほぐし,もう一度見直していく学問なのです。ぜひとも本書を通じて,そういった社会学の魅力を感じて頂ければと思っています。

　とりあえず,前置きはこのくらいにして,さっそく本書のとびらを開いて頂くことにしましょう。

　2020年10月

著　者

ポップカルチャーで学ぶ社会学入門
――「当たり前」を問い直すための視座――

目　　次

まえがき

第1章　社会学への招待……………………………………………………… I
　　　　──脱常識的な見方

　　1　社会学の対象と視点 ………………………………………………… 2

　　2　動機の語彙──「キュン死しそうだから」という動機 ………… 3

　　3　認知的不協和──楽しくなかったとはしたくない ……………… 6

　　4　自明性を疑うということ …………………………………………… 9

第2章　自　　　我……………………………………………………………… II
　　　　──僕が僕であるために

　　1　「自分」という存在への関心 ……………………………………… 12

　　2　社会とアイデンティティ（自分らしさ）………………………… 14

　　3　他者と生きる自分 …………………………………………………… 19

　　4　「私」はどこにいるのか? ………………………………………… 22

第3章　コミュニケーション……………………………………………… 25
　　　　──僕たちの「想い」は伝わるのか?

　　1　他者を「理解」するためには ……………………………………… 26

　　2　「理解」=「誤解」の同型性 ……………………………………… 28

　　3　エスノメソドロジー ………………………………………………… 31

　　4　時代や社会の中で変容するコミュニケーション ………………… 35

第4章　恋　　愛………………………………………………………39
　　　　——二人をつなぐ赤い糸（コミュニケーション・メディア）

　　1　恋愛の定義……………………………………………………40

　　2　情熱的なものとしての恋愛…………………………………42

　　3　ダブル・コンティンジェントな恋愛………………………44

　　4　コミュニケーション・メディアとしての恋愛……………46

　　5　時代や社会の中で変わりゆく恋愛…………………………49

第5章　ジェンダー……………………………………………………55
　　　　——男であること・女であること

　　1　「男性らしさ」と「女性らしさ」……………………………56

　　2　ジェンダーとセックス………………………………………61

　　3　コンスタティブとパフォーマティブのズレ………………65

　　4　「セクシュアリティ」の変化…………………………………66

　　5　性の問い直し…………………………………………………68

第6章　家　　族………………………………………………………71
　　　　——アニメ・テレビドラマ・映画にみる家族のかたち

　　1　ノスタルジックな家族像……………………………………72

　　2　家族の構造と機能……………………………………………73

　　3　近代家族の誕生とゆらぎ……………………………………76

　　4　家族の個人化…………………………………………………81

第7章　仕事・産業 ……………………………………………… 87
　　　──これからの社会における「承認」のゆくえ

　1　社会で生きるためのコア ……………………………………… 88

　2　承認が見えにくくなる社会 …………………………………… 89

　3　感情労働化する仕事 …………………………………………… 91

　4　労働を越える労働の下で ……………………………………… 94

　5　フォーディズムからポスト・フォーディズムへ …………… 95

　6　AI は感情労働的コミュニケーションの夢を見るか？ ……… 98

第8章　行　　為 ……………………………………………… 101
　　　──僕たちは自由に行為できるのか？

　1　行為の社会学 …………………………………………………… 102

　2　囚人のジレンマ・ゲーム ……………………………………… 103

　3　人はなぜ自殺することがあるのか？ ………………………… 108

　4　行為の不思議さ ………………………………………………… 110

　5　行為のアイロニー（皮肉） …………………………………… 111

　6　自由でないことを越えるために ……………………………… 114

第9章　メディアと視聴者 ………………………………… 117
　　　──私たちはテレビドラマをどう見ているのか？

　1　視聴者分析 ……………………………………………………… 118

　2　メディアに関するカルチュラル・スタディーズ …………… 121

　3　新たな疑問へ …………………………………………………… 124

　4　「メディア内存在」の私たち ………………………………… 128

第10章　文　　　化………………………………………………131
　　　　──虚構と実在が同期化するアイドル

　　1　文化産業としてのアイドル文化……………………………132

　　2　アイドルの歴史………………………………………………133

　　3　見田宗介による時代区分からみたアイドル………………135

　　4　文化と社会のつながり………………………………………142

第11章　テーマパーク……………………………………………145
　　　　──トランスナショナル・ディズニー

　　1　シミュレーションとしての観光地…………………………146

　　2　シミュレーションを支えるリアルな仕掛け………………148

　　3　アメリカ文化と切り離せないシミュレーション…………151

　　4　様々な遊び方を発明するゲストたち………………………152

　　5　トランスナショナルなポピュラーカルチャー……………155

第12章　都　　　市………………………………………………159
　　　　──僕たちが生きる都市のすがた

　　1　都市の不思議…………………………………………………160

　　2　都市の人間関係における「儀礼的無関心」………………162

　　3　人びとの想いが集まる都市…………………………………163

　　4　「社会的実験室」としての都市……………………………164

　　5　シカゴ学派からロサンゼルス学派へ………………………167

　　6　観光という移動がもたらすインパクト……………………169

　　7　グローバル社会と都市………………………………………172

第13章　モバイル・ライブズ……………………………………175
　　　　──私たちの社会のすがた・私たちの生きるかたち
　　1　モバイルな社会……………………………………………176
　　2　現実＝リアルなものを再編する移動（モビリティ）………179
　　3　移動（モビリティ）とデジタル革命………………………180
　　4　新しい観光形態へ…………………………………………182
　　5　夢見るようにリアリストたれ……………………………184

終　章　再び社会学への招待……………………………………187
　　1　社会学的想像力……………………………………………188
　　2　社会学において大切なこと………………………………188

さらに理解を深めるためのブックガイド
あとがき
索　　引

第 1 章　社会学への招待──脱常識的な見方

　社会学とは一体どういう学問なのでしょうか？　経済学なら
経済現象を考えるわけですよね。法学なら法律です。政治学な
ら政治現象のことを考えることになるでしょう。物理学なら物
理現象ということになります。では社会学は？　ここでは，社
会学が何を対象として，それをいかなる視点から扱うのかを考
えていくことにしましょう。

1　社会学の対象と視点

　社会学は「人間」に興味をよせ,「人間」という存在について知りたい, 理解したいというところから出発しています。

　したがって人間の営みは, すべて社会学の対象となります。

　例えば, 人間は家族を形成します。それゆえ, それは「家族社会学」という領域で取り扱うことができます。また私たち人間は, 友人と時にケンカをしたり, 時に励まし合ったり, 時に遊びに行ったりして付き合っています。それも, 人間の織りなす営みの重要な部分を占めています。それゆえ, 友人あるいは友人との関係の結び方も,「友情の社会学」というもので扱えます。さらに地域や観光も, そこには人間の営みが織り込まれているといえるでしょう。だから, 地域や観光も「地域社会学」「都市社会学」「観光社会学」「環境社会学」といった領域で扱うことができるのです。

　したがって, 社会学は「人間に関係する事柄を取り扱う学問」であるということができます。では, 社会学とは, どのような視点から「人間」を見つめようとしているのでしょうか？　社会学の視点——それは「脱常識的なものの見方」というものです。私たちが当たり前に思ってしまっていることを, いま一度考え直す。そういった自明性への問いが, 社会学と他の学問を区別しているのです。例えば経済学も経済社会学も, どちらも人間の経済活動を対象としています。では, その違いがどこにあるのかというと, 経済社会学の場合には, 人間の経済活動について「脱常識的なものの見方」で考えるのです。

　でも「私たちが当たり前に思ってしまっていることを, いま一度考え直す」視点って, 具体的にどういうことを指すのでしょうか？　本章では, まず「動機の語彙」という視点を紹介する中で,「私たちが当たり前に思ってしまっていることを, 今一度考え直す」視点って, どういうものか考えてみましょう。

2　動機の語彙
──「キュン死しそうだから」という動機──

　以前に電車に乗っていると，高校生たちの会話が耳に入ってきました。こんな内容です。

　　Ａ：「なあ，『恋つづ』見てる？」
　　Ｂ：「えー，あんまり興味ないし，見てへん」（「見ていない」を意味する関西言葉）
　　Ａ：「まじで?! 見なあかんて！」（「見なければいけませんよ」を意味する関西言葉）
　　Ｂ：「Ａはなんで見てん？」（「なぜ見ているの？」を意味する関西言葉。すみません。「ひつこい」ですね。「ひつこい」は「しつこい」を意味する関西言葉）
　　Ａ：「だって『キュン死』するって」

　『恋つづ』とは，2020年1月14日から3月17日までTBS系で放映された，上白石萌音と佐藤健の主演で人気を博したドラマ『恋はつづくよどこまでも』の略称です。原作は，『プチコミック』（小学館）において2016年4月号（2016年3月8日発売）から2019年2月号（2019年1月8日発売）まで連載された円城寺マキによるマンガです。先の高校生の話を耳にはさんで，社会学者として興味をもった私は，さっそく見始めました。あらすじは，こうです。

　　修学旅行で東京観光をしていた鹿児島の高校生・佐倉七瀬（上白石萌音）は，初老の女性が目の前で意識を失い倒れるところに遭遇する。そこに当時は研修医であった天堂 浬（かいり）（佐藤健）が偶然通りかかり処置をうまく行い，女性は意識を取り戻す。天堂のことが一瞬で好きになった七瀬は，彼に会いたい一心で看護師を目指すことを決意する。そうして晴れて看護師になった七瀬は，憧れの天堂がいる日浦総合病院に勤めることになる。しかし再会した天堂は，「魔王」と呼ばれるとても怖いキャラクターの人物であった。それでも，天堂に対して七瀬は素直に思いを伝え続け，くじけず突き進む姿が「魔王」に立ち向かう「勇者」のようだったので，看

護師の先輩たちから「勇者ちゃん」と呼ばれるようになる。そうして七瀬が仕事に恋につねにまっすぐに生きようとする姿をみているうち，天堂の心がしだいに溶かされていく……。

　ドラマの中では，佐藤健扮する天堂が上白石萌音扮する七瀬に対して「俺の知らないところで泣くな」と言うセリフがあったり，七瀬を後ろから抱きしめるという「バックハグ」のシーンがあったりして，「キュン死」しそうという感想が相次いでいました。

　先程の高校生の会話でもそうです。「どうして，そのドラマを見ているの？」という問いかけに対して，「だって『キュン死』するって」と答えていました。つまり，ドラマを見るという行為の動機を尋ねられた時，「キュン死」を動機として挙げていたのです。

　「なるほど。このドラマを見る動機には『キュン死』があるのか」と思って見始め，自分自身もはまったのですが，ここで社会学者としては少し気になったことがあります。「キュン死」とは「胸がキュンとして死んでしまいそうになること」を意味する言葉ですが，これはいつからあるのでしょうか？

　いろいろと調べてみたのですが，一説に，中原アヤ原作のマンガ『ラブ☆コン』の中のセリフが始まりとされています。そのセリフを読者が広めたことで，ネット界隈を中心に一気に広がっていったということが分かってきました。

　では，この言葉が登場する以前には，同じように胸が締め付けられるようになるラブストーリーのドラマをみる際は，何と言っていたのでしょうか？　例えば，約30年前，1991年1月7日から3月18日まで鈴木保奈美と織田裕二が主演した，フジテレビ系放映の『東京ラブストーリー』というテレビドラマがありました。人びとの人気を博し，放映時間には女性たちがこのドラマを見るために帰宅し，繁華街から女性の姿がいなくなるとまで言われたドラマです。この時には，もちろん「キュン死」という言葉（語彙・ボキャブラリー）を当時の人びとはもっていなかったので，たぶん「ドキドキするから」といった言葉を

動機として挙げていたのではないでしょうか？　同じように
胸が締め付けられるようになるという心の状態は同じなのに，
かつては違う言葉が動機だったわけです。そうすると，「キ
ュン死」がテレビを見るという行為の動機になったのは，社
会の中で「キュン死」という言葉（＝語彙，ボキャブラリー）
が準備されたからなのだと言えないでしょうか？

ミルズ

　「動機」という時，私たちはつい「当たり前」のように，それが，自分の心
の中にあると思っています。

　でも「キュン死」の事例で考えたように，社会の中で，ある言葉（語彙・ボ
キャブラリー）が準備されてはじめて，ある言葉が動機として語られるように
なるのだとすれば，動機とは「心の中」にあるのではなく，「社会」や「時代」
がつくりだすものだということになるのではないでしょうか。こんなことを言
ったのが，**ライト・ミルズ**という社会学者です。

　私たちは普段から，いろいろな行為を行って生きています。家族とケンカす
ることだって，行為の一つです。ある朝，家族とケンカした時，「どうして，
あんなことしちゃったんだろう？」「どうして，あんな言葉を投げつけて傷つ
けちゃったんだろう？」と思ったりしますね。そんな時に，私たちは，知らず
知らずのうちに社会や時代がつくりだした語彙（ボキャブラリー）の中から，自
分や他の人たちが納得できるような動機（答え）を探そうとするのではないで
しょうか？

　自分が利用できる語彙（ボキャブラリー）の棚から，うまくフィットしそうな
言葉を選び出して動機として語っているのです。「理解してくれなかったから」
とか「口うるさいこと言うから」とか「寂しかったから」といった風に。そう
すると，動機とは「自分の心の中にあるもの」というよりも，「社会や時代が
つくりだした語彙（ボキャブラリー）」だといえるのではないかとミルズは言う
のです。

　ニュースをにぎわすような事件の場合だってそうです。強盗殺人をした者が

いた時に，みなが「どうして，そんなことをしたのか？」と考えます。そして「遊ぶ金がほしかったから，ではないか」「心の中に満たされない思いがあったから，ではないか」「つらい過去があったから，ではないか」など口々に動機を推測する。本人でさえ，警察の供述でそんなことを言ったりします。でも，こうした動機は，本当に「心の中にある」ことなのでしょうか？

　動機が「心の中に」ないのだとすれば，私たちの行為や振る舞いの動機とは，一体，何なのでしょうか？　「動機の語彙」という社会学の視点は，「当たり前」を疑いながら，そんなことを私たちに教えてくれているのです。

3　認知的不協和
——楽しくなかったとはしたくない——

　もう一つ，「認知的不協和の理論」という視点も紹介したいと思います。そのなかで，「私たちが当たり前に思ってしまっていることを，今一度考え直す」視点が，どういうものか，さらに分かりやすくなるかもしれませんね。

　イソップ寓話に『すっぱい葡萄』というお話があります。有名なお話なので，知っている人も多いのではないでしょうか？

　　　キツネが，たわわに実ったおいしそうなぶどうを見つける。食べようと跳び上がるが，ぶどうはみな高い所にあり，届かない。何度も何度も頑張って，跳んでみるけれど，届かないままである。とうとう最後に，キツネはあきらめる。その時，ぶどうが食べられず悔しくて，「どうせこんなぶどうは，すっぱくて，不味いに決まっている。誰が食べてやるものか」と捨て台詞を残して去る。

　この話を読んで，「葡萄は実はすっぱかったのか！」と思う人は少ないでしょう。きっと逆なのです。葡萄は甘くて美味しかったのです。でも，キツネが頑張って何度も跳んで取ろうと努力しているのに取れなかったから，美味しい葡萄なのに，「ぶどうは，すっぱくて，不味いに決まっている」と負け惜しみを言っているわけです。

①　一方で葡萄はとても甘くて美味しい。
②　でも一生懸命に跳んでとろうと努力しているのに，甘くて美味しい葡萄には手が届かない。

　つまり，このどちらも認めてしまうと，キツネは自分がとてもみじめな思いになると考えたのです。でもキツネは，そんなみじめな思いなんてしたくありません。とはいえ，「一生懸命に跳んでとろうと努力したこと」は，もはや変えようがないことです。

　結果，キツネは「①葡萄はとても甘くて美味しい」という現実に対する認識を書き換え，「こんなぶどうは，すっぱくて，不味いに決まっている」と考えるに至ったのです。

　私たち人間も，いつも合理的に現実を正しく認識しようと思う存在ではありません。いや，このキツネのように，自分を納得させるために，知らず知らずのうちに現実に対する「認識の書き換え」を，あちらこちらでやってしまっているのではないでしょうか。

　「認知的不協和の理論」という社会学の視点は，このことを明らかにしようとするものです。これは，社会心理学者の**レオン・フェスティンガー**という人が呈示した考え方です。その際，フェスティンガーはある実験を行っています。それは，こういう実験です。

　学生をたくさん集め，何の意味もない単純作業を30分間もさせる。

　作業直後，学生の感想を聞くと，みな「つまらなかった」と愚痴を言うばかり。そんな彼らに対し，ある依頼をする。

　それは，次に同じ作業を行わせるために控えている人たち（実はその人たちは仕掛け人なのだが）に，「おもしろい作業だったよ」とウソをついてもらうというものである。

　ただし，ウソをついてもらう代わりに，報酬をわたす。その時，報酬額によって実験グループを2つのグループに分けている。

ウソつき代として片方のグループにわたすのは，たった1ドル（約100円）。

ウソつき代としてもう一方のグループにわたすのは，20ドル（約2000円）。

その金額をわたして「おもしろい作業だったよ」とウソをついてもらった後，改めて作業がどの程度おもしろかったと思ったのかを点数で評価してもらった。

さて，おもしろいと評価した点数が高かったグループはどっちだと思いますか？

実は，おもしろい作業だったと評価点数が高くなったのは，ウソをついた報酬が高い20ドルのグループではないのです。それは，たった1ドルしかもらえなかったグループなのです。

一体，どうして，そんなことが起こったのでしょうか？　認知的不協和の理論は，まさにここに関わる視点です。

①　本当はつまらない作業だった。

②　でも「おもしろい作業だったよ」と言わなければならない。

この2つは矛盾しています。

その矛盾したこと（＝不協和）を，20ドルもらったグループは，「まあ，これくらいもらったのだから，ウソを言うのも仕方ない。ウソつきの代金が20ドルだな」と，20ドルでうまく解消してしまったというわけです。それに対して，1ドルしかもらえなかったグループは，そうした調整がうまくいきません。では，どうするのでしょうか？

現実に対する「認識の書き換え」をすることで，矛盾を解消しようとしたのです。つまり，作業は退屈でつまらないものではなく，「自分にとって何かの意味がある，本当はおもしろいものだったのではないか」と考え始めたというわけです。その結果，評価点数がアップしたのです。

私たちは，こういう認識の書き換えを常にやって，どうにかこうにかして精一杯この世の中を生きている切ない存在なのではないでしょうか？

　たとえば，サークルの飲み会・食事会で死ぬほど面白くない時があったとします。でも，いざ，記念写真をみんなで撮るという時に，この上なく楽しい表情をする時がないでしょうか？　その時，私たちは知らず知らずのうちに，現実に対する認識の書き換えをしているのかもしれないのです。

　　①　サークルの飲み会・食事会は死ぬほど面白くない。
　　②　でも，その会合に頑張って一生懸命に自分は参加し，嫌な先輩とも気
　　　を合わせた。

　つまり，こういう矛盾（＝不協和）にさらされた時に，私たちは「①サークルの飲み会・食事会は死ぬほど面白くない」という認識を書き換え，記念写真を撮る時に，とびっきりの笑顔で「その飲み会・食事会が楽しかったことにする」という時がないでしょうか？　その時「楽しくなかったとはしたくない」という，認知的不協和を解消しようという試みが知らず知らずのうちに私たちの中で始まっているといえるのです。
　それは，「本当ではない」かもしれません。でもだからといって「ウソでもありません」。そんな世界が私たちの側にはいつもある，ということに「認知的不協和の理論」は気づかせてくれているのだといえます。

4　自明性を疑うということ

　こんな風に視点を変える。それが一体何の役に立つというのでしょうか？——当たり前を当たり前でなくすことができます。
　でも，当たり前が当たり前ではなくなるからといって，それが何だというのでしょうか？
　そうすると，いまある社会のかたちだけがすべてではないということが，見えてきます。いまはそうなっているけれど「そうなっていることへの驚き」

（「なんで，いまそうなっているようなかたち以外のものにならなかったんだろう」とい
う驚き：**ニコラス・ルーマン**という社会学者は，これを「ありそうになさの公
理」と難しく言っています）が出てきます。そうすると，「別の可能性への気
づき」をもてるようになります。これだけが答えだということではなくなって，
この世界が，いろいろな見え方をしてくるようになるということです。

　新型コロナウイルス感染症（COVID-19）を経験して以後，私たちは，いま
までの社会にしがみついているだけでは，立ちいかなくなっています。その時，
「なぜ，これは，こうなっているのだろう」と考えることのできる人だけが，
つまり「そうなっていることへの驚き」と「別の可能性への気づき」をもてる
人だけが，その仕組みが成り立たなくなる時に，その状況から社会の新たなつ
ぼみを発見し，新しい仕組みを提案することができる。社会学は，そういうこ
とを促してくれる学問だと言ってよいと思います。

参考文献

小松丈晃（2003）『リスク論のルーマン』勁草書房。
フェスティンガー，レオン（1965）『認知的不協和の理論——社会心理学序説』誠信書房。
ミルズ，ライト（1971）「状況化された行為と動機の語彙」『権力・政治・民衆』みす
　　ず書房，344-355頁。

第2章　自　　我──僕が僕であるために

　私たちが当たり前に思ってしまっていることをいま一度考え
直す──社会学のものの見方の特徴とは，その点にあります。
前章では，このことについて「動機の語彙」や「認知的不協和」
という視点を事例に挙げてお伝えしてきました。これからの章
では社会学の特徴である当たり前を問う「脱常識的なものの見
方」を，社会学の対象に即して考えていくことにしましょう。
　社会学が考察するのは，人間に関係するものであればすべて
対象となります。第2章以降では，その中でも，特に，自我，
コミュニケーション，恋愛，ジェンダー，家族，仕事・産業，
行為，メディアと視聴者，文化，テーマパーク，都市，グロー
バル社会を挙げ，そうした対象について，社会学がどのような
「脱常識的なものの見方」から考察していくのかをみていくこ
とにしましょう。

1 「自分」という存在への関心

そこで本章では，「自我 (self)」を対象とした社会学について，みていくことにしましょう。「自我」というのは，簡単にいえば「自分」であり，「僕」であり，「私」ということです。

でも，「僕」とか「私」といっても，自分は別に社会と関係なくても，ここにいつも確かにいますよね。そうなのだったら，「自分」って，「そもそも社会学の対象になるのだろうか？」と疑問に思う方もおられるかもしれません。本章では，そんなことも皆さんと考えていきたいと思っています。

ところで皆さんは，「自分ってどんな性格で，どんなキャラクターなんだろう？」「自分が他人にどのようにうつっているのだろう？」といったことに興味ないでしょうか？ 「そんなのどうだっていいよ」という人もいないわけではないでしょうが，多くの人は，そういうことに関心があるのではないでしょうか？

「自分がどんな性格なのか？」「自分が他人にどのようにうつっているのか？」といったことが人間にとって重大な関心事だからこそ，いろいろな占いなども流行ったりするのだと考えられます。

例えば，かつて「動物占い」が流行ったことがあります。これは，陰陽五行思想を基にした四柱推命の十二運星を動物名に置き換えたもので，生年月日から性格を動物にたとえて占うというものです。

興味がある方は，ウェブで検索してやってみましょう (https://fortune-telling. life/animal/diagnosis/)。

ちなみに，私は「どっしりとしたサル（ブラウン）」で，こう書かれています。

「精力的で前向きに人生を生きていこうとする性格で，無駄な時間を過ごしているのを嫌います。そのため，常に何かに夢中になってじっとして

いることはなく，目標を決め努力して目標達成するチャレンジャーです。
ただ，一度目標を失うと，それまでのパワフルだったのがウソのようにこ
もってしまうことがあります。相手が求めていることを瞬間的に察知し，
その相手によって話題や話し方を変えて臨機応変な対応ができます。周り
の人に対しては，誰に対しても気配りや目配りができます。好奇心が旺盛
なので，多くの経験をしていく中で，幅広い人脈をつくりますが，本音を
語り合えるのはごくわずかでしょう。」

……「本音を語り合えるのはごくわずか」って，ひどくないですか？　とはい
え，皆さんにとって興味ない情報でした。しかも，気配りができるって，「実
際の先生と全然違うやん」と思われた方もおられるかもしれませんね。
　皆さんは，何の動物でしたか？　こんな風に，多くの人は，「自分ってどう
いう人間なのかなぁ？」とか「他人は自分をどうみているのかなぁ？」と思い，
何らかのかたちで一度くらい，占いをしたことがあるのではないでしょうか？
　占いばかりではありません。
　就職活動では必ず，「自己分析」というものが求められます。その「自己分
析」でよく用いられるツールとして，「エゴグラム」というものがあります。
エゴグラム（Egogram）とは，精神分析から考案された交流分析に沿った性格
診断法です。それぞれの心の中に，NP（「養育的な親：Nursing Parent」要素），
CP（「批判的で厳しい親：Critical Parent」要素），A（「合理的な大人：Adult」要素），
FC（「自由な子ども：Free Child」要素），AC（「大人の言うことをよく聞く子ども：
Adopted Child」要素）がどれくらいあって，それがどのように組み合わさって
いるかで性格を診断しようとするものです。
　占いよりも，より学問的であるともいえます。この診断法では，年齢を経て
成長する中で診断結果も変化することがあります。皆さんも，エゴグラムを一
度やってみましょう（http://www.egogram-f.jp/seikaku/）。
　ちなみに，私の診断結果は NP（「養育的な親」要素）と A（「合理的な大人」要

素）と FC（「自由な子ども」要素）の要素が高く，こう書かれています。

　　「貴方の実像は，世の中を楽観的に見ている世間知らずの坊ちゃんタイプに近いように思えてなりません。気持ちの優しさにしても，あまり生活の実感が伴っていない気紛れ的なもので，責任感や使命感が薄く，分析力や判断力が高いということは，かえって貴方を現実から逃避させて，安易な道を模索させる結果になっているのに過ぎないのではないでしょうか。」

……やはり，ひどくないですか。

　それはともかく，占いにしても，エゴグラムにしても，そこからみえてくるように，多くの人は，自分という存在を知りたいという欲求に突き動かされている部分を持っています。それは，「アイデンティティ（自分らしさ）への希求」というものです。僕が僕であること，私が私であることとは一体どういうことなのかについて，人は関心を持ち続けているのだといえるでしょう。

2　社会とアイデンティティ（自分らしさ）

　特に「アイデンティティへの希求」は思春期以降に濃厚に出てくると考えられます。心理学者エリク・エリクソンも，「アイデンティティへの希求」を青年期の発達課題であると述べています。

　そのことは，これまでいろいろな流行歌の中でも歌われてきました。

　例えば，昔の曲になりますが，尾崎豊「僕が僕であるために」という曲があります。それなどはまさに，「アイデンティティへの希求」を歌った曲でしょうし，もう少し最近の曲でも，サカナクションというバンドが「アイデンティティ」という曲を歌っています。ちなみに，井上マーという人が尾崎豊のモノマネをしていますが，なかなか面白いと思います。

　以上いままで見てきたように，「自分がどんな性格なのか？」「自分が他人に

どのようにうつっているのか？」といったことに関わる「アイデンティティへの希求」が，人間にとって，とても重要な関心事であることが分かって頂けたと思います。しかし，最初に述べたように，「僕」とか「私」といっても，ここにいつも確かにいるのだから，「自分」は別に社会と関係のない存在ではないのかと思われるかもしれません。

　でもよく考えてみると，「自分」とか「自我」という同じ言葉を使っていても，その内実は，社会や時代の中で大きく変わっていることに気づくでしょう。例えば，今から35年くらい前の1980年代中頃から1990年代初頭における「自分」と，1990年代初頭から2000年代初頭における「自分」と，2000年代初頭から2010年代初頭における「自分」，2010年代初頭から現在における「自分」──すべて「自分」という言葉を使っていますが，その中身ははたして変わらないままでしょうか？

　このことについて，流行歌の歌詞において，「自分」「僕」「私」がどのような文脈の中で歌われてきたのかということに注目して考えてみましょう。これは「歌詞分析」という方法です。見田宗介という社会学者は『近代日本の心情の歴史──流行歌の社会心理史』という本の中で，時代を映す鏡として流行歌を捉え，社会や時代を分析するためのデータとして用いています。

　1980年代中頃から90年代初頭において，流行歌の歌詞において，「自分」「僕」「私」は，どのような文脈の中で歌われてきたのでしょう？　例えば，槇原敬之に，1991年に発売された「どんなときも。」という曲があります。その中で，「自分」「僕」「私」は，どんな風に歌われていたのでしょうか？　以下は，その歌詞です。

　　　どんなときも　どんなときも
　　　僕が僕らしくあるために
　　　"好きなモノは好き！" と
　　　言えるきもち　抱きしめてたい

どんなときも　どんなときも
　　迷い探し続ける日々が
　　答えになること　僕は知ってるから

　「どんなときも。」という曲の中では，「どんなときも／どんなときも／僕が僕らしくある」そして，そのためには，「"好きなモノは好き！"と言えるきもち　抱きしめてたい」と宣言されています。この曲においては，非常に素直かつ伸びやかに「自分」でいようとすることが，誇らしげに肯定的に捉えられているのです。

　そうした「自分」「僕」「私」の歌われ方が，1990年代中頃から2000年代初頭になると大きく変わってきます。Mr. Children というバンドが1996年に発表した，「名もなき詩」という曲があります。この中の歌詞を見てみましょう。

　　あるがままの心で　生きられぬ弱さを
　　誰かのせいにして　過ごしてる
　　知らぬ間に築いてた
　　自分らしさの檻の中で
　　もがいてるなら
　　僕だってそうなんだ

　「どんなときも。」において誇らしげに肯定的に捉えられていた「自分」が，ここでは，どのように表現されているでしょうか？　「知らぬ間に築いてた／自分らしさの檻の中で」という歌詞にもあるように，もはや「自分」は，自分を閉じ込める「檻」になっていると歌われています。「自分」「僕」「私」は，この時期，開放的な伸びやかな存在から，「檻」のように抑圧的な存在になっているのです。

　その歌詞の違いは，槇原敬之というアーティストと，Mr. Children というアーティストの違いであって，社会が変わったからとか，時代が変わったから，歌詞も変わってきたとは言えないのではないか，と疑問に思われる方もおられ

るかもしれません。確かに，その面はあります。でも Mr. Children という同じアーティストで固定してみても，2002年に発表された「Any」となると，「自分」「僕」「私」を歌う文脈がかなり違ってきています。

　　今　僕のいる場所が
　　探してたのと違っても
　　間違いじゃない
　　きっと答えは一つじゃない
　　何度も手を加えた
　　汚れた自画像に　ほら
　　また12色の心で
　　好きな背景を描きたして行く

　「自分」は，自分を閉じ込める「檻」になってしまっているのだと，「自分」「僕」「私」をただただネガティブに捉え歌っていた Mr. Children の姿は，ここには，もはやありません。そこにあるのは，たとえそうでも，「自分」が汚れたものであって，それぞれの「答えは一つじゃない」と，ネガティブな自分をもポジティブに捉えていこうとする Mr. Children の姿です。
　逆に，かつて，「自分」を伸びやかにポジティブに歌っていた槇原敬之も，SMAP の曲として2003年にリリースされた「世界に一つだけの花」という楽曲において，単にポジティブにとどまらず，どんな「自分」でも受け入れようと歌うようになります。

　　そうさ　僕らも
　　世界に一つだけの花
　　一人一人違う種を持つ
　　その花を咲かせることだけに
　　一生懸命になればいい
　　小さい花や大きな花
　　一つとして同じものはないから

NO.1 にならなくてもいい
もともと特別な Only one

　どんな（Any）「自分」「僕」「私」であっても，「一つとして同じものはない
から／NO.1 にならなくてもいい／もともと特別な Only one」なのだと歌わ
れるように，槇原敬之の楽曲の歌詞においても，ただただポジティブであれば
良いというのではなく，どんな「自分」でも受け入れようと表現されるように
なっています。このように同じアーティストであっても，「自分」「僕」「私」
という言葉は同じでも，その内実はどんどん移り変わっていることに気づくで
しょう。

　それはなぜでしょうか？　──社会や時代が変容しているからです。

　1980年代中頃から1990年代初頭は，「バブルの時代」でした。その頃には，
右肩上がりで豊かになっていけるのだという楽観的な考え方を，人びとは共有
することができました。そうした時代にあって，非常に素直かつ伸びやかに
「自分」でいようとすることも，リアリティをもって誇らしげに肯定的に捉え
ることができたのです。

　しかし，そうした「バブル経済」も，1990年代初頭に崩壊を迎えます。その
頃から，日本社会は，長く深刻な不況期に入っていくことになります。その頃
に就職時期を迎えた若者たちは，「ロストジェネレーション（失われた世代）」
と呼ばれるようになります。正社員になれず，派遣社員，アルバイトなどの不
安定な働き方を続ける人が多く出ました。その頃に，リアリティをもって歌わ
れたのが，「檻」のように抑圧的な存在としての「自分」だったのです。

　とはいえ，いつまでも，そこにとどまっているというわけにもいきません。
たとえ不完全な存在であろうが，どんな自分でも，それを肯定し，そこから歩
み出さない限り何も始まらないのではないかという気分が，社会の中で現れる
ようになります。その時にリアリティをもって歌われたのが，「Any」であっ
たり，「世界に一つだけの花」であったのです。それは，まさに「ロストジェ

ネレーション」以後の自我,「ポスト・ロストジェネレーシ
ョン」の自我でした。

リースマン

3　他者と生きる自分

　以上の流行歌の歌詞分析からも,「自分」「僕」「私」とい
う存在が,決して社会や時代と切り離されてあるわけではなく,それらと強く
結びつきながら形成されてきたのだということが分かるのではないでしょう
か？　実際,明治時代の「私」と現在の「私」は,言葉としては同じかもしれ
ませんが,内実はまったく違っているのではないでしょうか。夏目漱石の『こ
ころ』に出てくる「私」の孤独感や自意識のあり方をみると,かなり現代の
「私」とは違っているなあと思うはずです。

　デイヴィッド・リースマンというアメリカ合衆国の社会学者も『孤独な群
衆』という本の中で,自我のあり方が,社会や時代の中で大きく変わってきて
いることを指摘しています。リースマンは,「自分」「僕」「私」のあり方は,
かつての「伝統指向」から「内部指向」へ,そしてさらに「他人指向」へと変
化していると指摘しています。

　伝統指向は,伝統に依拠して自我を形成していくような,近代以前のパーソ
ナリティです。内部指向は,努力とか責任感といった自分の内的な倫理観・価
値観を大切にして自我を形成していくような,近代的なパーソナリティです。
そして他人指向は,人の中でみんなの空気を読みつつ自我を形成していくよう
な,現代的なパーソナリティのことをいいます。

　このように社会や時代の中で,「自分」のあり方が変わっていくのは,どう
してなのでしょうか？　――それは,「自分」が自分だけでつくられているわ
けではないからです。

　「自分」は自己完結している存在ではありません。「自己」「自我」という存
在は,社会や時代の中で常に他者と生きることを通じて形成されています。社

ミード

会や時代の中で他者と生きる中で求められているものが変わるのであれば，当然，「自我」のあり方も変化していかざるを得ないのです。

　このことについて，ジョージ・ハーバート・ミードというアメリカ合衆国の社会心理学者・哲学者は，「I（主我）」と「me（客我）」という言葉を使って表現しています。

　「I（主我）」とは，簡単に言ってしまうと，「自分から見た自分」という意味です。「自分」って，ここに確かにいますよね。自分を指し示して，「これこそ僕だよ」「ここに私がいるよ」と言うことができますが，それをミードは，「I（主我）」と呼びます。

　「me（客我）」は，それに対して，「他者から見た自分」です。例えば私は，学生さんから見たら「教員（先生）」であり，私のパートナーから見たら「夫」です。そういう役割を持って，私という「自我」は形成されていますが，それをミードは，「me（客我）」と呼びます。

　ミードの言うように，自宅においては「夫」，学校の教室において「教員（先生）」，部活においては「先輩」と，私たちは，配偶者，学生，後輩など，それぞれの場面において出会う他者と生きる中で，その他者に応じた「役割」を演じながら，「自我」を形成しているのです。受験の時に，親が夜食を持ってきてくれた時には「一生懸命に受験勉強をしている子ども」という役割を演じ，友人と接する時にはまったく違う役割を演じる。その一つひとつが本当の「自分」「僕」「私」なのです。

　その意味で，「自分」とは他者という観客（オーディエンス）を前にして演技をするパフォーマーのような存在だといえるでしょう。大学の教室において，教員は学生を前にして教員にふさわしい「自分」を演じ，学生は教員を前にして学生にふさわしい「自分」を演じているのです。もしそうではなく，学生さんの目を一切気にすることなく，教員が何の脈絡もなくギターを片手にライブ演奏を始めてしまうならば，その時点で教員は教員ではなくなり講義そのもの

が成立しなくなるでしょう。

　アメリカ合衆国の社会学者アーヴィング・ゴフマンは，その著『行為と演技』において，他者を観客（オーディエンス）とした役割演技の中で「自分」を捉えていく視点を，「ドラマトゥルギー論」として提示してい

ゴフマン　　　　　ベッカー

ます。「お母さんの前で，良い子でいようとする自分」「先生の前で，良い生徒でいようとする自分（あるいは反抗してやろうと思っている自分）」「友だちの前で，明るく笑っている自分」「恋人の前で，格好良くいようとする自分（可愛くいようとする自分）」……，こんな風に他者との関わりの中で，「自分」にいろいろな意味づけをしながら，「私」を他者に演技し振舞いながら生きているのです。

　こうした視点と近いものとして，「ラベリング論」という議論もあります。これは，アメリカ合衆国の教育社会学者ハワード・ベッカーによって提唱された理論です。

　ベッカーは，その人自体がもともと悪い素質を持っているから「不良」というアイデンティティを手に入れるのではないと言います。ベッカーは，ある人が「不良」というアイデンティティを手に入れてしまうのは，いろいろな人（他者）から「あいつ，不良だよね」とラベル（レッテル）を貼られることで，「そういう風に俺を見るんだったら，本当に悪くなってやる」と行為するようになっていくからなのだと言います。

　このように考えてみると，「自分」は，自分だけでつくられているわけではないとよく分かりますね。「自分」は自己完結している存在ではなく，社会や時代の中で常に他者と生きることを通じて形成されている存在なのです。「私」は常に他者とあるのです。だからこそ，「自分」は完璧に社会学の対象となってくるというわけです。

4 「私」はどこにいるのか？

でも実は，社会学が当たり前をいま一度考え直す学問だというのは，ここから始まるのです。それは，どういうことでしょうか？

ドラマトゥルギー論にしても，ラベリング論にしても，「自分」が他者によってつくられていくことを言っていましたよね。だからこそ，他者と生きている当の社会や時代が変われば，「自分」も変わるのだと言っていました。

そうすると，あれ？　少し変なことになりませんか？　「私」が他者によってつくられるというのなら，「私」とは他者の中にあるのでしょうか？

「私」は「私」の中になく，「私」ではない他者の中にある。だとすると，そういう「私」は「私」と言えるのでしょうか。

このことを突き詰めて考えさせてくれる映画があります。『私の頭の中の消しゴム』という映画です。韓国映画で，あらすじは，こうです。

> 建設会社社長令嬢のスジン（ソン・イェジン）と建設工事現場で現場監督として働くチョルス（チョン・ウソン）。2人は，育った環境はまったく異なるものの，互いに惹かれ合い結婚する。幸せな日々を送っていた矢先，スジンが若年性アルツハイマー病に侵されていることが判明する。日々失われていくスジンの記憶をつなぎとめる方法はなく，遂には夫・チョルスのことさえ記憶から消えていく。……

「私」はどこにあるのか？　『私の頭の中の消しゴム』のように，他者とのすべての記憶（思い出）を失った後も，「私」は「私」でいることができるでしょうか？　「私」でいることができないとすれば，他者とのすべての記憶（思い出）を失っても生きている，この「私」とは一体誰なのでしょうか？

『私の頭の中の消しゴム』の状況とは逆のことも考えてみましょう。私だけが他者とのすべての記憶（思い出）があって，周りのみんなが記憶をなくしていたら，どうでしょう。皆に呼びかけても，誰も覚えていないのだけれど，自

分だけには確かに皆との記憶（思い出）は残っている。そういう時に「私」は「私」でいることができるでしょうか？　「私」でいることができないとすれば，では，この「私」とは一体誰なのでしょうか？

「私」は，ここにいるこの私だけあっても「私」なのではありません。だからといって，他者にすべて「私」＝自我の形成が委ねられているわけでもありません。

では「私」とは何なのでしょうか？　──私とは，「私とあなたの間の交通（やりとり）に生成する（生まれる）存在」といえないでしょうか。

つまり，私「と」あなた，と言う時の「と」＝はざま（間）＝距離があると思うのですが，それを，私とあなたは，「虹の橋（rainbow bridge）」のようなもので懸命に繋いでいます。私とあなたを繋いでいる，その「虹の橋」のようなものは，ともするとすぐに消え去ってしまうような儚いものです。でも，そこにこそ「私」があるのかもしれません。

その儚い「虹の橋」のようなものを，私たちは何と呼んでいるでしょうか。──「コミュニケーション」です。

だから結局，「コミュニケーション」のことを考えなければ，「自分」は分からないのではないでしょうか。そこで次章は，そうした「コミュニケーション」について，「脱常識的な視点」から考え直してみましょう。

参考文献

エリクソン，エリク・H（1982）『アイデンティティ──青年と危機』新曜社。
ゴフマン，アーヴィング（1974）『行為と演技──日常生活における自己呈示』誠信書房。
ベッカー，ハワード『アウトサイダーズ──ラベリング理論とはなにか』新泉社。
見田宗介（1978）『近代日本の心情の歴史──流行歌の社会心理史』講談社。
ミード，ジョージ・ハーバート（1991）『社会的自我』恒星社厚生閣。
リースマン，デイヴィッド（2013）『孤独な群衆（上）（下）』みすず書房。

第3章　コミュニケーション──僕たちの「想い」は伝わるのか？

　前章では，当たり前を疑う視点から，「自我」について問い直してみると，どんな風に見えてくるのかを考えました。そして結局，「コミュニケーション」のことを考えなければ，「自分」は分からないのではないかというところで終わりましたね。そこで今回は，その「コミュニケーション」について，「脱常識的な視点」から考え直してみることにしましょう。

1 他者を「理解」するためには

ハーバーマス

　ところで，コミュニケーションって，何のためにするのでしょうか？

　私たちは，他者とコミュニケーションを図る時に，そこでは一体，何が目指されているのでしょうか？

　言葉・身振り・アイコンタクト……。これらのものを通して私たちは他者とコミュニケーションを日常的に行っています。そうすることで，私たちは他者に自分のことを分かってもらい，他者に理解してもらおうとしているのです。つまりコミュニケーションの目的は，「他者に理解してもらうこと」「他者を理解すること」にあるのです。

　「他者に理解してもらうこと」「他者を理解すること」を目的とするコミュニケーションについては，いろいろな社会学者が，自分たちの考えを深めてきました。ドイツの社会学者ユルゲン・ハーバーマスも，その一人です。彼は『コミュニケーション的行為の理論』という本も書いています。翻訳もありますが上巻・中巻・下巻と3冊もあって，読むと「もう許して下さい（笑）」といった感じになります。

　ハーバーマスは，他者を「理解」するためには，3つのレベルでコミュニケーションの言葉が妥当であることが要求されるはずだと言います（これを，彼は「コミュニケーション的行為の妥当要求」と呼んでいます）。──それは，①真理性，②正当性，③誠実性，といったものです。

　それぞれ，どういうものかを考えるために，次のような親子のコミュニケーションの具体的な場面を通じて考えてみましょう。

　　子：新しいパソコン買ってよ。
　　親：だめ。買わない。

　子どもの側からすると，このコミュニケーションにおいて，親のことを「理解」できなくなるのは，親の言葉の中に，①真理性，②正当性，③誠実性のレベルで疑わしさが感じられる時なのです。どういうことでしょうか？

　学校の勉強でパソコンが必要だと言われていることを親が知らず，しかも，これまでの古いパソコンが壊れたりして，すでに使いものにならなくなっているのも気づいていない時，子どもは，こう言うでしょう。

　「それはおかしいよ。古いパソコンが壊れていて勉強できないじゃないか」。

　これは，真実（真理性）に照らし合わせて，親のコミュニケーションの言葉が妥当でないと言っているわけです。

　それに対して，以前に頑張って勉強して成績が上がったら，必ず新しいパソコンを買ってあげると，親がずっと約束していて実際成績も上がったのなら，子どもは，こう言うでしょう。

　「それはおかしいよ。あんなに約束していたじゃないか。その約束を破るなんて」。

　これは，親の規範がおかしいという不満の表明です。つまり，規範（正当性）に照らし合わせて，親のコミュニケーションの言葉が妥当でないと言っているわけです。

　では「誠実性」とは，どういうことでしょうか？　親が実は自分自身の買いたい洋服があって，それを買うと，今月の家計が赤字になるということで言っているのに，それを隠している時，子どもは，こう言うでしょう。

　「それはおかしいよ。本当は自分の洋服を買いたいだけじゃないか」。

　これは，誠実さ（誠実性）に照らし合わせて，親のコミュニケーションの言葉が妥当でないと言っているわけです。

人をコミュニケーションにおいて「理解」しようとするなら，こうした３つのレベルで，コミュニケーションの言葉が妥当であることが必要だというわけです。つまり，「真実を語ること」「規範に照らしありえないことは決して言わないこと」「言葉に誠実さを込めること」が，コミュニケーションにおいて人を「理解」するポイントであると，ハーバーマスは主張しているのです。

　ハーバーマスがこうしたことを考えたのは，彼の少年時代の記憶と大きな関係があるといえます。彼は1929年にドイツで生まれていますが，ちょうどナチス・ドイツが支配していた時に多感な少年時代を送っています。その時の記憶が彼の中で強烈に残っていて，まさに「民主主義的なコミュニケーション」を実現することが重要な課題となっていったのでした。

　でも今の国会の論戦を見ても，「そんなことが行われているとは，どうしても思えないなあ」とおっしゃる方もおられるかもしれません。そうなのです。「民主主義的なコミュニケーション」の実現は，果てしない彼の夢なのです。それを彼自身も，「未完のプロジェクト」と呼んでいます。

　確かに，「民主主義的なコミュニケーション」を実現していくためには，「真実を語ること（真理性）」「規範に照らしありえないことは決して言わないこと（正当性）」「言葉に誠実さを込めること（誠実性）」というのは大切ですね。でも，ここで少し立ち止まって考えてみましょう。

2　「理解」＝「誤解」の同型性

　では，この３つの条件が整ったのなら，コミュニケーションにおいて人は他者を「理解」することはできるのでしょうか？

　人は他者を「理解」できるのか？　──そんなことは「不可能」である。

　そういった哲学者がいます。社会学者にも大きな影響を与えている哲学者で，ルードヴィヒ・ヴィトゲンシュタインという人です。特に彼の死後に出版された『哲学探究』という本からは，私も影響を受けています。ヴィトゲンシュタ

インは，「痛み」を例に挙げて，こんな風に言っています。

ヴィトゲンシュタイン
出典：https://commons.
wikimedia.org

　「どこが痛いのか，という問に対して，私はあなたの
歯を指すとする。もし誰かがあなたの歯に近づけば，私
はあなたと共にぎくっとする。要するに，私が痛みを感
じるとすれば，それは私の痛みなのである。もし人があ
なたの歯を押したとき，あなたが同時にその場所に痛み
の兆候を示し，そして私の様にぎくっとするとしても，なおそれでも私が
痛みを感ずるとすれば，それは私の痛みであろう。」（ヴィトゲンシュタイン
1976：66）

　分かりやすく言い換えましょう。あなたが「痛い」とコミュニケーションで
発した言葉があるとします。それは真実ですし（真理性），規範に照らしておか
しなことを言っているわけでもないですし（正当性），誠実でもあります（誠実性）。
　では，だからといって，私は，あなたの「痛み」を完璧に「理解」できるで
しょうか？　あなたが感じる「痛み」とまったく同じ「痛み」を，私も感じる
ことなんてできないし，そんなことはあり得ないしと，ヴィトゲンシュタイン
は主張します。もし感じることができるのなら，その時点で，それは「あなた
の『痛み』」ではなく「私の『痛み』」であると，彼は言います。
　もちろん，自分が痛かった時の経験に引き寄せ，「この人は，多分いまこん
な感じで『痛い』と言っているんだろうな。かわいそうに……」と思うことは
あります。でも，それは，自分なりに，その人の言葉を「理解」しようとして
いるだけです。
　結局，こういう風に言えるでしょう。コミュニケーションにおいて他者を
「理解」するということ，それは，〈自分なりに〉その人の言葉を「理解」しよ
うとすることに他ならないのだ，と。
　あれ？　だとすると，おかしなことになりませんか？　他者を「誤解」する

シュッツ

というのも，〈自分なりに〉その人の言葉を「理解」しよう
とすることなのではないでしょうか？

　「あいつは私のことを『誤解』している」という時だって，
あいつは，あいつなりに，私の言葉をコミュニケーションに
おいて「理解」しようとしているみたいだけど，私からした
ら「何か違うんだよな！」という時に，相手に「誤解」とい
う言葉を投げつけるのではありませんか？

　他者を「理解」することも，〈その人なりに〉「理解」すること，他者を「誤
解」することも，〈その人なりに〉「理解」することだとなれば，「理解」と
「誤解」は変わらないものになってしまいます。

　そうなのです。意外なことかもしれませんが，「理解」＝「誤解」の同型性が
実際のところ，コミュニケーションにおいて成立しているのです。実は私も若
い頃，このことについて社会学者アルフレッド・シュッツの影響の下で突き詰
めて考えてみたことがあります。

　論文にもしているので，ご関心のある方は，ぜひ読んでみて下さい。「社会
的リアリティとしての『理解』と『誤解』」という論文です。ハーバーマスが
考えたことと異なって，コミュニケーションにおいて，①真理性，②正当性，
③誠実性という条件がいくら揃ったところで，ヴィトゲンシュタインが言うよ
うに，私たちは他者を「理解」することなど不可能ですし，そもそも「理解」
も「誤解」も変わらないのです。

　「理解」できているという保証など，どこにもありません。それは実は「誤
解」に過ぎないかもしれないのです。にもかかわらず，私たちはコミュニケー
ションを行っているのです。私たちは，それでもコミュニケーションを続けざ
るを得ないのです。

　もし「理解している」「理解されている」という保証がないならコミュニケー
ションをやめる，ということになると，どうなるでしょうか？　他者とつな
がることは決してなくなってしまいます。

　コミュニケーションを行うということ，それは，理解してくれる保証など何もないところで，他者へ儚い虹の橋をかけようとする「賭け」なのです。

　初めて友だちに話しかける時だって，そうなのではないでしょうか？　初めて友だちに話しかける時，勇気がいりましたよね。それは，理解してくれる保証など何もないところで行った「賭け」だからなのです。『パディントン』という映画では，見ず知らずのお互いが分かり合えない中でも，手探りしつつ懸命にコミュニケーションをとろうとしている姿が表現されています。

3　エスノメソドロジー

　このように，コミュニケーションというのは，「賭け」みたいな部分がある，もろく儚いものなのです。私たちが，それでもやめようとしないコミュニケーションとは，では一体，どのような仕組みにおいて成立しているのでしょうか？　そんなことを考えた社会学があります。「エスノメソドロジー」という社会学です。

　エスノメソドロジー。舌をかみそうですね。

　これは，先程紹介したヴィトゲンシュタインの影響を受けたアメリカ合衆国の社会学者**ハロルド・ガーフィンケル**たちが展開した社会学の流れです。

　英語で「ethnomethodology」と書くのですが，ethno とは「人びと」，method とは「方法」，logy とは「学問」という意味です。つまり，人びと（ethno）が日常においてコミュニケーションを行っている仕組みや方法（method）を探る学問（logy）ということです。まったくもって，ひねりもなにもありません（笑）。

　それはともかく，エスノメソドロジーは，コミュニケーションが行われる仕組みとして，次の2つのことを挙げています。

　　①　インデックス性
　　②　相互反映性

ガーフィンケル

これらは，どういうものでしょうか？

（1）インデックス性

　インデックス性というのは，簡単に言ってしまうと，「文脈依存性」といったものです。コミュニケーションの言葉は，常に一定の文脈の下で発せられていて，その文脈がすれ違っていたり，その文脈を共有していなければ，その人の言っていることを「理解」できません。

　コントを事例に考えてみましょう。それは，アンジャッシュというお笑いコンビによる，「障子をへだてて」というコントです。障子をへだてて，個室の外にいる料理店の店員が，個室の中で，携帯で話す客の電話の内容を勘違いするというネタです。

　2人は，障子をへだてて，まったく別の文脈に立脚しながら，会話を続けます。そうすることで，障子をへだてて，個室の外にいる料理店の店員が，個室の中で，携帯で話す客の電話の言葉をどんどん勘違いしていってしまい，「理解」から程遠いものとなるということがよく分かります。

　コミュニケーションには，文脈の共有，すなわち文脈依存性（インデックス性）が不可欠なのです。興味ある方は，「アンジャッシュ　障子をへだてて」と検索して動画を探してみて下さい。

　ただし，文脈を共有しようとするあまり，過度に厳密に文脈を定義していこうとすると，それも「理解」からほど遠いものとなるでしょう。エスノメソドロジーでは，これについて，ある実験をしました。「違背実験」と言われるものです。

　友人や家族とのありふれた日常会話の中で，一つひとつ文脈をきっちりと定義していくという実験です。例えば，こんな感じです。

　　友人：おはよう。調子はどう？

> 自分：調子ってなんだい？　身体のこと？　それともメンタルにおいてというこ
> 　　　と？
> 友人：いや，元気かどうかってことだよ。
> 自分：元気かどうかって，何を基準に言えばいいの？

　このような会話を延々と続けると，どうなると思いますか？　大抵の相手はイライラして，コミュニケーションは破綻してしまうのです。

　『笑う犬の冒険』という番組で放映された「娘よ」というコントでも，この違背実験ととても類似した設定がありました。コントの登場人物は，父親（内村光良），母親（遠山景織子），娘（中島知子），自宅に招かれた娘の彼（名倉潤：原田泰造が演じる時もあります）です。

　父親は，娘の彼に気を遣って話しかけます。「ご兄弟は何人ですか？」　すると彼は「私を含めてですか，含めずにですか？」と厳密に文脈を定義して聞き返しはじめます。その後はこういう会話が続きます。

> 父：こんな立派な子どもさんを持たれて，さぞかしご自慢でしょう？
> 彼：誰がですか？
> 父：いや，君の親御さんが
> 彼：さあ，尋ねたことがありませんので（と，おもむろに携帯電話を取り出し，親
> 　　に電話し，「ぼくのこと自慢に思っている？」と聞き出す。そして親の方も，
> 　　「誰が？」と聞き出す。）

といった具合です。しまいには，「出て行け！」と父が激怒してコントは終わります。他にも「娘よ」はシリーズ化されていて，コミュニケーションを考える上で面白い素材です。

　このようにコミュニケーションには，文脈というものが大切なのですが，だからといって，過度に厳密に文脈を定義していこうとすると，コミュニケーションは破綻してしまうわけです。それほどにコミュニケーションは，微妙なところで成立しているものなのです。エスノメソドロジーが言う「インデックス

性」は，そうしたことを含みこんで理解しておくべきでしょう。

（2）相互反映性

　では，もう一つの「相互反映性」とは，どういう意味でしょうか？

　これは，状況が言葉をつくりだし，言葉が状況を新たに生み出していくという循環を意味する言葉です。

　もう少し簡単に言えば，「お互いに理解し合っているんだな」という状況があることで，お互いが分かり合えているなりの言葉をコミュニケーションにおいて紡ぎ，そうすることでまた「お互いに理解し合っているんだな」という状況がより確かなものとなっていくといったことを意味します。

　第三者からみれば，実のところ，すごくすれ違っていると思うような時でも，本人たちにとっては「理解」し合っている気になって，どんどん，そういう状況にはまっていってしまう，ということも出てくるわけです。逆に，「お互いに理解し合っているんだな」という状況がなければ，いくら懸命に言葉を紡ごうが，相手の言葉を「理解」した気になどならないのです。

　これもコントを事例に考えてみましょう。伊達みきおと富澤たけしの2人のコンビからなるサンドウィッチマンの「職務質問」というコントです。

　富澤扮する警察官が，伊達扮するコンビニに来ただけの買い物客を職務質問します。

　伊達はふつうに受け答えするのですが，警察官役の富澤は最初から「怪しいやつだ」と思っているので，コミュニケーションにおいて言葉を重ねれば重ねるほど，怪しんでいくことになるというものです。こんなやりとりです。

　　富澤：何か怪しいなぁ〜？
　　伊達：怪しくねぇだろ。好青年だろがよ。
　　富澤：ナイフとか持ち歩いてんじゃないのか。
　　伊達：持ってねーよ。バカじゃねーの，お前。

34

富澤：じゃあ，フォークは持ってんじゃないのか。
伊達：洋食屋か。俺は。何でナイフとフォーク持って歩いてんだよ。バカじゃねーの。
富澤：じゃあ，ちょっとボディタッチするから。（触ろうとする）
伊達：ボディタッチすんなよ。ボディチェックだろ。何かいやらしいわ。なぁ？
富澤：いいから両手を上げ下げしなさい！
伊達：なんで上げ下げすんだよ。当選確実か，俺は。なぁ？　何にも持ってねーよ！　バカじぇねーの，お前。

　「こいつ怪しいな」という状況の下では，いくら懸命に言葉を紡ごうが，相手の言葉がどんどん「怪しく」思えてきてしまうのです。状況が相手の言葉を「怪しい」ものに思わせ，その言葉によって余計に「怪しい」状況が生まれてしまうわけです。

　そういう状況と言葉の循環（相互反映性）の中で，コミュニケーションが行われているのだと，エスノメソドロジーは考えるのです。このように考えてくれば，コミュニケーションとは，ハーバーマスが考えたほどシンプルなものではないようです。

　それは，とても微妙でもろくて儚い仕組みにおいて，ようやく成立しているものだということが分かって頂けたと思います。当たり前に行ってきたコミュニケーションが，社会学から考えてみると，少し違って見えはじめてきたのではないでしょうか？

4　時代や社会の中で変容するコミュニケーション

　さらに，コミュニケーションのあり方は時代や社会の中で大きく変容するものでもあります。例えば，現在，恋人どうしのコミュニケーションのあり方として，「寝落ち通話」というものがあります。

　「寝落ち通話」とは，恋人と LINE などで通話して，自分か相手のどちらかが通話中に眠って（寝落ちして）しまうまで，通話を続けることをいいます。

「またね」「明日ね，おやすみ」と通話を終えるのではなく，どちらかが眠ってしまうまで会話が続けられます。

　先に眠る側は，好きな人の声を聞きながら安心して眠りたいと思っており，眠られる側は自分に心を許してくれているのだと感じるというのです。こうしたコミュニケーションは，スマートフォンというメディアが登場し，LINE などの無料通話アプリが様々に準備されるような時代だからこそ生まれてきたのです。

　コミュニケーションのかたちは，携帯電話やスマートフォン以後に大きく変わりました。「寝落ち通話」の事例でも分かるように，恋人どうしのコミュニケーションでは，そのことが顕著です。

　例えば「もっと…」という西野カナの曲があります。「どこにいるの？　返事ないままじゃ眠れないよ　メールも電話も　"会いたい"も　いつも全部私からで　Just call me back again」という歌詞からも，このコミュニケーションは携帯電話を前提に成立していることがわかります。

　さらに現代では，ギャップに耐えられないコミュニケーションのかたちが現れるようになっているのではないでしょうか？　そもそもコミュニケーションが始まるのは，自分と他者との距離があるからこそです。その距離，間をつなげようと，懸命に儚く消える虹のような橋をかけようとする。それがコミュニケーションなのです。ただそれがコミュニケーションの不安定さを生み出します。その不安定さを，エスノメソドロジーなど様々な社会学は議論してきたというわけです。

　しかしながら近年，そうした自分と他者との距離（ギャップ）に耐えられないコミュニケーションのかたちが現れてきているのかもしれません。

　「なんで，私の気持ちをわかってくれないの？」「おれがこんなに好きでいるのに，どうして，その気持ちが分からないんだ」というストーカー的なコミュニケーションは，まさにその最たるものでしょう。

　少し以前の曲になりますが，WaT というアイドルグループに「5センチ。」

という曲がありました。こんな歌詞です。

> 午前3時君からの電話　こんな遅い時間どうしたの？
> 「声聞きたくなっただけ」　一言呟いてオヤスミ
> 友達と食事してる時も　帰り道地下鉄の中でも
> 5分おきに君からの　エンドレスなメール届いて

「5分おきに君からのエンドレスなメール」は嫌すぎます。

　その歌詞も，なかなかギャップに耐えられないコミュニケーションのかたちを表現していますね。でも，コミュニケーションには，ギャップがあって当然なのです。「理解」がうまくいかなくても，そもそも，それはコミュニケーションの仕組みに最初から組み込まれている不安定さなのです。むしろ，相手が自分の思い通りにならないという時に感じるせつなさ，もどかしさにとまどいながら，そうした感情を大切に受け止め，人に対して想像力をはたらかせることが，コミュニケーションを行うための工夫を生み出すのではないでしょうか？

　そうだとすると，自分と他者との距離がある，すなわち文化が違っているとか，価値観が違っているとか，生き方が違っているとか，そんなことはコミュニケーションの仕組みに最初から組み込まれている不安定さであって，それでも私たちは懸命に互いに話しかけ，どうにかして伝えようとする工夫をしていかなくてはならないのです。それでも理解し合えているのかの保証は，どこにもありません。『ET』とか『パディントン』といった映画では，そんなコミュニケーションのあり方が描かれています。

　コミュニケーションがつらい時も，そのつらさも併せて楽しんでいける，稲穂のように「しなやかな弱い強さ」が，コミュニケーションでは大切なのかもしれませんね。皆さんはどう思いますか？

参考文献

ヴィトゲンシュタイン, ルードヴィヒ (1976)『ウィトゲンシュタイン全集 5』大修館書店。

ヴィトゲンシュタイン, ルードヴィヒ (2013)『哲学探究』岩波書店。

遠藤英樹 (1996)「社会的リアリティとしての『理解』と『誤解』——いかにして人はコミュニケーションにおいて『理解／誤解』するのか」『奈良県立商科大学』7(1), 21-31頁。

ガーフィンケル, ハロルド (1987)『エスノメソドロジー——社会学的思考の解体』せりか書房。

シュッツ, アルフレッド (1980)『現象学的社会学』紀伊國屋書店。

ハーバーマス, ユルゲン (1985 (上)・1986 (中)・(下))『コミュニケーション的行為の理論』未來社。

第4章 恋　　愛──二人をつなぐ赤い糸（コミュニケーション・メディア）

　前章では，「コミュニケーション」について「脱常識的な視点」から考えてみました。それによって，コミュニケーションの仕組みには，初めから「不安定さ」が組み込まれている，ということについて考えましたね。本章では，そうした「コミュニケーション」のあり方の中で，特に「恋愛」に焦点を合わせて考えてみましょう。

　つまり今回は，「恋愛の社会学」なのです。

　「え？　恋愛の講義って……。この先生に，そんなの別に教えてほしくないし」と思われた方。……正解です（笑）。これまでお付き合いしてきたほぼすべての人びとから「この，世界一の鈍感男！」とののしられ，お付き合いを終了させてきた私から，恋愛の仕方を教わることほど恐ろしいことはありません。

　ですから本章で取り上げるのは，「恋愛」というコミュニケーションの現象について，「社会学の視点」＝「当たり前を疑う視点」から捉えていくと，どのように捉えることができるのか，ということなのです。決して「恋愛講座」ではありません（私から聞きたくもありませんね）。あくまで，「恋愛の社会学」なのです。

　社会学が人間に関係する学問である限り，「恋愛の社会学」も社会学の一ジャンルとしてきちんとあるわけです。

1　恋愛の定義

　そこで，まず「恋愛とは何か」について考えてみたいと思います。「恋愛」
の定義ですね。でも「恋愛」を定義するというのも，なんだか難しそうです。
いくらでも，いろいろな定義が可能となるみたいですから。そこで，少しだけ
ひねくれた仕方で，定義を試みることにしたいと思います。

　それは，恋愛とは何でないかを考えることです。恋愛が明らかにこういうも
のではないだろうということが分かれば，その逆のものが恋愛の定義として浮
かび上がるはずです。これについて，ジャン゠リュック・ナンシーというフラ
ンスの哲学者が，『恋愛について』という本の中で展開している議論を参考に
試みることにしましょう。

　ジャン゠リュック・ナンシーの議論を参考にしてみると，恋愛とは，

　　①　冷静に判断できるもの
　　②　計量できるもの
　　③　分析できるもの

ではないと言えると思います。どういうことでしょうか？　少し説明を加えて
いくことにします。

　まず〈恋愛とは「冷静に判断できるもの」ではない〉とは，どういうことで
しょうか？

　恋愛は，「いろいろな諸状況を考慮に入れた結果，あなたを愛することにし
た」などと言えないものであるはずです。合理的かつ理性的に判断した結果，
「さあ，いまから恋に落ちるとするか」と意図して，恋愛をしているわけでは
ありません。気づいた時に，私たちはもう既に，恋に落ちて「しまっている」
のです。その意味で，合理的かつ冷静な判断を超えて，恋愛はあるのです。

　次の〈恋愛とは「計量できるもの」ではない〉は，どういうことでしょうか？

　「私のことを愛してる？」と相手から尋ねられて，「うーんと，あの人を好きな2.86倍くらいたくさん愛している」とか，「昨日と比較して2カップ半くらいの愛になったと思う」と答えてみて下さい。多分，相手は不機嫌になって嫌な感じの雰囲気になります。そうなのです。愛とは計量カップや重量計等で「測れない」「測定できない」ものなのです。

　最後に，〈恋愛とは「分析できるもの」ではない〉について考えてみましょう。

　「分析」というと難しそうですね。でも，「分析」とはもともと「分けて考える」という意味です。恋愛は，相手の性質やら属性やら持ち物で「分けて考える」ことのできないものなのです。

　恋人から「面白いゲームソフトを持っているから，あなたのことが好き」と言われたら，ちょっと嫌ですよね。また「長い髪だから，あなたが好き」も，「じゃあ髪を切ったらどうなんの？」と思ったりしますよね。「あの人のこういうところが好き」「あの人の持っているこれが好き」と言える時点で，それは恋愛ではないのです。

　このように考えるならば，恋愛とは，次のようなものだと言えるのではないでしょうか？

　① 相手のすべてを受け入れること（分析的ではないこと）。
　② 理由もなく恋に落ちること（冷静に判断できるものではないこと）。
　③ 相手に対して絶対的な価値を見出すこと（計量できるものではないこと）。

　ちなみにフランス語で「mon chéri」という言葉があります。「私の愛しい人」という意味です。この「chéri」というフランス語は，「愛おしむ」「愛する」という動詞になると「chérir」です。この「chérir」にはもう一つ意味があります。

　それは，「（あなたに）絶対的な価値を見出す」という意味です。まさに先に

41

みた「恋愛」の定義そのままです。余談ですが，この語の親戚の言葉に，「charité」という言葉があります。英語「charity（慈善）」をフランス語にしたものですね。これはラテン語で「高い」という意味の「carus」から来ています。だから「charity（慈善）」とは，貧しい人に施しをするという意味であるのではなく，他者（隣人）への「愛」を意味しているのです。

2　情熱的なものとしての恋愛

　それはともかく，①相手のすべてを受け入れること，②理由もなく恋に落ちること，③相手に対して絶対的な価値を見出すことを意味するものであるという点で，私たちは，恋愛を情熱的なものと考えていると言えそうです。こういった「情熱的なものとしての恋愛」のあり方が，ポピュラーミュージックやドラマなどで繰り返し語られてきました。

　例えば嵐というアイドルグループの曲で「Love so sweet」という作品も，その一つではないでしょうか？（twitter でも「Love so sweet」を流すと，ホラーであろうと戦闘シーンであろうと恋が始まる動画が話題になっているほどです）　少し前の曲ですが，HY というバンドの「366日」という曲も，「情熱的なものとしての恋愛」をしっとりと歌い上げていて聴きごたえがあります。ぜひ聴いてみて下さい。

　このように，私たちは現在，恋愛というものについて当たり前のように「情熱的なもの」だと捉えています。でも本当に，それは「当たり前」なのでしょうか？

　「情熱なものとしての恋愛」が成り立つためには，お互いが，自由に恋愛できるということが前提になります。しかしながら，お互いが自由に恋愛することは，それほど当たり前だったわけではありません。

　結婚に際しても，私たちは，結婚前には「当然」自由に恋愛できて結果的に結ばれるのだと考えていますが，それは違います。図表4-1をみて下さい。

図表 4 - 1 結婚年次別にみた, 恋愛結婚・見合い結婚構成の推移

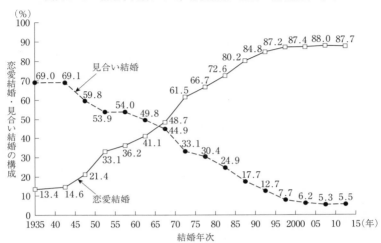

注：対象は初婚どうしの夫婦。第 7 回調査 (1930〜39年から1970〜74年), 第 8 回調査 (1975
〜79年), 第 9 回調査 (1980〜84年), 第10回調査 (1985〜89年), 第11回調査 (1990〜94
年), 第12回調査 (1995〜99年), 第13回調査 (2000〜04年), 第14回調査 (2005〜09年),
第15回調査 (2010〜14年) による。夫婦が出会ったきっかけについて「見合いで」およ
び「結婚相談所で」と回答したものを見合い結婚とし, それ以外の「学校で」,「職場や
仕事の関係で」,「幼なじみ・隣人関係」,「学校以外のサークル活動やクラブ活動・習い
ごとで」,「友人や兄弟姉妹を通じて」,「街なかや旅行先で」,「アルバイトで」を恋愛結
婚と分類して集計。出会ったきっかけが「その他」「不詳」は構成には含むが掲載は省略。
出典：http://www.ipss.go.jp/ps-doukou/j/doukou15/gaiyou15html/NFS15G_html06.html

　この図は, 1930〜2005年の日本社会で恋愛結婚と見合い結婚の比率の推移を示
したものです。

　これをみると, 1930年代には69％くらいの人びとが見合い結婚であったこと
が分かります。逆に自由に恋愛して, それが結婚へと結びついているのは, た
った13.4％なのです。ほとんどの人にとって結婚とは, 自由に恋愛をした結果
なのではなく, 家と家の結びつきのため結婚するという, 見合い結婚だったと
いうことが分かります。そうすると, お互いが自由に恋愛できるのが「当然」
だというかたちは, 近代社会が成熟をとげる中で誕生したかたちなのだといえ
るでしょう。

かつて人びとは，身分や家を前提としたコミュニケーションに基づいた社会の中で生きていました。そうした社会では，恋愛の自由さはあまり期待できませんでした。結婚はあくまで身分と身分，家と家の結びつき（コミュニケーション）だったのです。

　その中では，どんな人と自分が結ばれるのかは前もって何となく分かるというものでしたから，その点で，かつての社会は逆から言えば，安定したコミュニケーションのもとで結婚生活を送れるようにしてくれる社会システムだったのです。お見合いの時，かつては特に「釣書」「家族書」というものを，お互いの家が準備することになっていましたが，これらをみても，かつての結婚があくまで身分と身分，家と家の結びつき（コミュニケーション）だったことがよく分かります。

　しかしながら，見合い結婚と恋愛結婚の比率は，次第に逆転していきます。恋愛は，結婚とも必ずしも結びつく必要さえない，「個人と個人の自由なコミュニケーション」によって成立するものと位置づけられることになっていきます。

　こういった「情熱的なものとしての恋愛」のかたちは，私たちは当たり前のようにずっとそうだったと思っているのですが，つい最近「昔から当然そうであったような顔をしながら」現れてきたのです。それは，コミュニケーションが身分や家から解き放たれ，個人へと完璧に委ねられた瞬間でした。

3　ダブル・コンティンジェントな恋愛

　コミュニケーションが，個人すなわち自分と他者の関係それだけに委ねられるということ――，それは，つまり「他者の出方によって自分のコミュニケーションは変わるし，自分の出方によって他者のコミュニケーションも変わる」ということを意味していました。もはや身分や家がコミュニケーションを支えてくれはしなくなったのです。

　いまコミュニケーションの仕組に組み込まれている不安定さは，そのこと

に由来するものです。社会学の用語で難しい感じで，そのことを「ダブル・コンティンジェンシー（double contingency：二重の不安定さ）」と言います。

　自分も他者のことを理解できているか分からないし，他者も自分のことを理解してくれているのか分からない。近代社会が成熟を遂げていくとともに，人びとは個人として，そんな二重の不安定さの中で，自由にコミュニケーションを行いはじめたのです。

　恋愛もそうです。

　人は，相手からどう思われているのか分からない中で，それでも相手を想う。相手も，自分からどう思われているか分かっていない中で，きっと自分を想ってくれている。それでもなお，やはり，お互いがお互いを想おうとする。

　そういう恋愛を，私たちは「情熱的なもの」として行うようになったのではないでしょうか？　それは，本当にか細くて，もろくて，儚い「糸」のように始められた，コミュニケーションなのかもしれません。少しでも気を許してしまえば，すぐに，ふっと切れて見えなくなってしまうものかもしれません。

　そうしたコミュニケーションの「糸」を私から他者へ，他者から私へと行きつ戻りつさせていく中で，その「糸」は次第に太いものになっていきます。最初は一つのか細い「糸」であったものが，明日には，私からあなたへ，あなたから私へ行きつ戻りつして 2 重の「糸」に。1 年後には365重の「糸」に。10年後には3,650重の「糸」に。そして50年後には18万2,500重の「糸」になっていきます。

　はじめ，か細く，もろく，儚い「糸」に過ぎなかったコミュニケーションの「糸」が，恋愛の中でいつしか太く切れない「糸」へと紡がれていく。それを，私たちは「赤い糸」と呼んでいます。ですから，「ダブル・コンティンジェンシー（double contingency：二重の不安定さ）」の中で，もろく儚いコミュニケーションをつないでいたに過ぎなかった，その相手は，最初はお別れしてしまう可能性もたくさんあったわけです。

　いわば「元カレ」「元カノ」になってしまう可能性だって，たくさんありえ

たのです。でも，その人が，「情熱的なものとしての恋愛」のコミュニケーションのやりとりがお互いに行きつ戻りつしながら，2人をつなぎ，次第に他の人などではあり得ない人になっていきます。

　恋愛を仲立ち＝メディア（メディアとは「媒介（仲立ち）」という意味ですね）にしながら，お互いのコミュニケーションが接続されていく。それによって相手が次第に，とても「かけがえのない大切な人」になっていく。これが恋愛の機能なのではないでしょうか。

4　コミュニケーション・メディアとしての恋愛

　私の事例など聞きたくないでしょうが（笑），私とパートナーの場合もそうです。

　お付き合いしはじめた最初の頃，パートナーは，もしかしたらお別れしてしまって，「昔は，あの人といろんな思い出あったよなあ」と懐かしく思い出してしまうような元カノになる可能性もあったのです（こんなことを面と向かってパートナーに言うと，ぶっ飛ばされます）。彼女を選択し，彼女から選択されたのは，冷静に判断して，計量・分析した結果ではなく，お互いが知らず知らずに惹かれ合った偶然（contingency）なのです。

　しかし何年も，何十年もコミュニケーションを行きつ戻りつさせていくうちに，私にとって，パートナーは，この人でなければあり得ないという人になっていきました。「恋愛」が仲立ち＝媒介＝メディアとなって，私にとって，彼女は，「選択可能な相手」から，「唯一無二の相手」へと変わっていったのです（ここ，ぜひとも強調しておきますね）。つまり「恋愛」とは，身分や家から解き放たれ，不安定になったコミュニケーションの相手を，「選択可能性」から「唯一無二性」へと変化させていくような，仲立ち＝媒体＝メディアとして機能するようになったというわけです。

　社会学者の中で，「選択可能性」から「唯一無二性」へと変化させていくコ

ミュニケーションの仲立ち＝媒体＝メディアに注目し続けた社会学者がいます。ドイツの社会学者**ニコラス・ルーマン**という人です。彼の著作に『情熱としての愛』という本もあって面白いので，ご興味があればぜひ読んでみて下さい。

ルーマン

　ルーマンは，どうしてそんなことに注目したのでしょうか？　それは，彼の経歴と深く関係しています。前章で紹介したハーバーマスと同様に，彼の少年時代も，ナチスが支配していた時代でした。彼はその時のことを述懐して，こんなことを言っています。

　　　「中等学校の私たちの学年は，1945年には国防軍に召集されていました。
　　　私は仲間の兵士といっしょに，Ｙという橋の上にいました。4本の腕に，
　　　二門の対戦車砲をもって。それから，しゅっと音がして，ふり返ると――
　　　そこには仲間も死体も，ありませんでした。何一つ。そのときからです。
　　　私が他でもありうること（contingency）を考えているのは。」（佐藤 2008：1-2）

　なぜ友が死んだのか。なぜ自分ではなかったのか。それは，単なる偶然（contingency）である。それは，選択可能なことであった（亡くなったのは友でも，私でもあり得た）。だとすると，なぜ，いま自分は生きているのか。この瞬間，この社会に自分が生きているということが，選択可能なことではなく，唯一無二だというのなら，その根拠を示したい。

　ルーマンは，このことをコミュニケーションに引き寄せてこだわり続けたのです。最初は選択可能の相手であっても，自由な恋愛を仲立ち＝媒介＝メディアとしながら，唯一無二の相手へと変えていくコミュニケーションがある。ルーマンが考えたのは，そんなことです。

　唯一無二になったその人のことを，スペイン語のことわざで，「Tu eres mi media naranja（あなたはオレンジの片割れ）」と表現します。その人を失った時には，自分自身の半身がもぎ取られたように痛みを感じるようになります。

あれ？？？

前章では，人の痛みを理解することはできない，と言っていたのではなかったでしょうか？　その痛みを理解できた時点で，それは自分の痛みだと。

そうなのです。

こうした中で，他者である相手は，いつしか自分そのもの，自分の半身になっているのだと思います。だからこそ，その人を失った時にずきずきと心が痛む。とすると，恋愛をメディアとした儚い「虹の橋」のようなコミュニケーションのやりとりの中で自分と他者がつながることで，自分自身も変容しているといえるのではないでしょうか。

ちなみに，「Tu eres mi media naranja（あなたはオレンジの片割れ）」という時の，「tu」とは「あなた」を意味します。「eres」は「〜です」，「mi」は「私の」，そして「media」は「片割れ」，「naranja」は「オレンジ」です。

もうお分かりだと思いますが，「片割れ」を意味するスペイン語の「media」と，「仲立ち」「媒体」を意味する英語の「media」は同じ語源を持つ言葉です。まさにコミュニケーションのやりとりは，恋愛を「仲立ち」に相手を自分の「片割れ」へと変えていくのです。

米津玄師の『Lemon』という曲はまさに，失ってしまった相手が，いつしか自分の半身のようになっていたのだと切々と歌っている曲です。back number というバンドが奏でる，「思い出せなくなるその日まで」という曲も，そんなことを歌った曲かもしれません。

奇跡のように出会った偶然の相手と，恋愛を仲立ちにコミュニケーションの糸をやりとりしていく軌跡の中で，相手は唯一無二の相手へと変容する。そして自分自身も，もはや，その人のことをまさに自分そのものとして，その人の痛みを自分の痛みとして感じるようになるまでに変容していくのです。

「自分」「僕」「私」は，実は，そうした変容の中にあるのかもしれませんね。そして，そうした変容は，前章で紹介したようにコミュニケーションにつきまとっている私とあなたの距離がくれた贈り物なのではないでしょうか？　GReeeeN

の「キセキ」という曲は，そんなことを歌った曲の一つです。一度，聴いてみて下さい。

　以上のように近代社会が誕生し，その後，成熟を遂げていくにしたがって，人びとは恋愛というものを仲立ち（メディア）の一つにしながら，不安定なコミュニケーションを，唯一無二の相手とのコミュニケーションへと変えていくようになります。その時，近代社会において恋愛は「コミュニケーション・メディア」，すなわち「二人をつなぐ赤い糸」として機能するようになっていったのです。

5　時代や社会の中で変わりゆく恋愛

　しかしながら，その恋愛も不変ではありません。社会や時代の中でどんどん変わり続けているのです。

　例えばバブル期，恋愛も，その時代の影響を受けています。1980年代，バブル期絶頂の時代，富裕層の若者たちは，高級ブランドのスーツを身にまとい，自家用車にお金をかけ，都市生活を満喫しはじめるようになりました。そうした中で，音楽・ファッション・小物，これらの文化的アイテムが，すべて「商品」として売り買いされることが前提とされるようになりました。

　その中で恋愛も，おしゃれなライフスタイルを彩るものと位置づけられるようになったのです。クリスマスともなれば，高級スーツに身をつつんだ男性が，エルメスなどのブランドのプレゼントを小脇に抱え，クルマで彼女を自宅まで迎えに来て，おしゃれにエスコートして高級レストランで食事をする。——そんな光景が繰り広げられるようになりました。

　この頃，私は大学生だったのですが，そうしたことがどうしてもできず，つらい青春時代を過ごしました（笑）。この頃に制作されたCMにも，当時の恋愛の雰囲気をみてとることができます。

　しかし1990年代に入り，バブルがはじけるとともに，そういった恋愛のかた

ちにも変化が訪れます。軽いタッチで恋愛模様をおしゃれに楽しむというのではなく，一人の異性を一途に思い続ける「純愛」が称揚されるようになります。

テレビドラマが提供する物語は，私たちの社会を映し出す鏡であるといえます。ですから，この頃，テレビドラマの恋愛がどのように描かれるようになったのか見てみますと，やはり「純愛」的な要素を持つドラマが多くの人びとから支持を集めるようになっています。

その際，恋愛こそが，「自分がどのように生きるのか」を実感させてくれるものであるというメッセージを濃厚に伝える番組が数々現れているのです。

それは以下のようなドラマです。織田裕二や木村拓哉も，そうしたドラマによく出演していました。

『東京ラブストーリー』（1991年）
　　主人公リカ（鈴木保奈美）が，雨の中ずっと待たされたりしながらもカンチ（織田裕二）のことを思い続けていくこのドラマは，バブル期の恋愛のあり方とは一線を画するものでした。主人公の織田裕二，鈴木保奈美ともに若いですね。
『101回目のプロポーズ』（1991年）
　　これも純愛ドラマの一つです。
　　武田鉄也がトラックに飛び込んで，「僕は死にましぇん，あなたが好きだから。僕が幸せにしますから！」と叫ぶシーンで有名です。トラックの運転手さんからすれば本当に迷惑な話です。
『あすなろ白書』（1993年）
　　このドラマは，木村拓哉扮する男性は，石田ひかり（石田ゆり子の妹さんです）扮する女性を好きになるんだけれど，彼女は筒井道隆（『半沢直樹』で嫌な弁護士を演じていた人です）扮する男性を好きになるといった三角関係を描いていました。しかも西島秀俊扮する男性は実はゲイであることを隠していて，筒井道隆扮する男性のことを好きで，でも西島扮する男性を鈴木杏樹扮する女性は好きという，一体どうなっとんじゃいと思うドラマでした。
　　木村拓哉が，「おれじゃダメなのか？」と石田ひかりを後ろから抱きしめる，元祖バックハグのシーンが，藤井フミヤの主題歌とともに有名です。
『愛してると言ってくれ』（1995年）
　　これは，豊川悦司扮する聴覚障がい者の画家と，常盤貴子扮する女優の卵が，

障がいを乗り越えながら愛を深めていくというドラマです。ドリカムの主題歌
が有名です。

『ロングバケーション』（1996年）
これは木村拓哉の代表作の一つにもなった恋愛ドラマです。

『WITH LOVE』（1998年）
こちらは，竹野内豊が若い頃に，男性俳優アイドルとして出演していた頃のド
ラマです。竹野内豊が若いです。

『恋ノチカラ』（2002年）
これは，深津絵里扮する女性が転職をきっかけに，諦めかけていた仕事や恋愛
にもう一度向き合っていくようになるドラマです。堤真一が恋愛の相手に扮し
ています。

　以上のようにバブルがはじけた後の時代において，純愛ドラマの中で，恋愛
こそ「自分がどのように生きるのか」を実感させてくれるものである，といっ
たメッセージが何度もリピートされていくようになったのです。こうして，社
会の中で，恋愛が，生きる「意味」を付与する装置として発見され，積極的に
動員されていったのです。

　「恋する」ことが，生きる「意味」と重なっていくような社会が現れてきた
のです。すなわち，「恋する社会」の誕生です。

　ノリとして，こうした「恋する社会」にのりきれないという人たちも，もち
ろんたくさんいました。大学院生の頃の私もそうだったのかもしれません。
2000年代後半になると「リア充」という言葉も登場し，そうした人たちは「リ
ア充」でないとカテゴライズされていくようになります。

　しかしながら「恋する社会」もいまはもはや，変容し，崩れはじめているよ
うに思います。現代における恋愛には，次の2つの方向性があるのではないで
しょうか？

①　日常の「やすらぎ」をもたらす部分
②　相手に対して「戦略」をほどこす部分

どういうことでしょうか？

　恋愛は「運命の人と愛し合うことこそが自分の生きる意味なのだ」と熱く考えるものではなくなりつつあるのかもしれません。運命の人との恋愛が「生きる意味」をもたらすのではなくなっているのです。

　そうではなく，「運命の人と愛し合うことが自分の幸せだ」というかたちで，恋愛が，「自分の幸せ」＝「やすらぎ」をもたらすものとなっているのかもしれません。ですから恋人同士が高級レストランなどを舞台に演出を施しながらデートするのではなく，ただ一緒に自宅で「まったり」と過ごすという「うちデート」も現れてきたのだと思います。

　同時に，婚活や合コンでは，相手をいかにして恋愛で陥落させていくかといった「戦略」が求められるようになっています。

　その際，自分を相手にいかに良く見えるように演出するかが重要になっています。社会学者アーヴィング・ゴフマンの用語に「印象操作」という言葉があります。これは，「服装やしぐさによって，自分がどんな風に見られたいかというイメージを相手に呈示し，そのイメージを維持しようとすること」を意味します。

　例えば，手術を待つ患者の家族を前に，お医者さんが「今日の手術のことなんですけど，ぼく，ほんと自信なくて」と言っていたら嫌ですよね。患者の家族からすれば，ウソでも良いから，「ぼくに任せて下さい。大丈夫ですよ」と声をかけてくれて，医者らしい印象を呈示してもらいたいところです。

　それが「印象操作」なのです。恋愛という場面でも，婚活や合コンなどでは，自分を「かわいく」見せたりするという印象操作が，ますます強く求められるようになっているのではないでしょうか？

　尼神インターのコントなどでは，そうした印象操作にあけくれる女性がよく描かれています。面白いので，ぜひ見てみて下さい。

　以上のように，1990年代以降に誕生した「恋する社会」は現在，「やすらぎ」をもたらす恋愛の部分と，相手に対して「戦略」をほどこす恋愛の部分に引き

裂かれ，変容しはじめているのではないでしょうか？　このようにみてくると，恋愛とは，そこから社会の変化が透けてくるような領域であるといえます。例えばデジタル・テクノロジーなどの発達に伴い，バーチャルなものに対する恋愛感情さえも現れるようになっています。

　恋愛は，親密なコミュニケーションとか，結婚とか，家族といった現象とも強く結びついています。その点で「恋愛の社会学」は，ますます重要になってくるでしょう。次章は，恋愛が強く結びつくもののうち，ジェンダーについて的を絞って考えていくことにしたいと思います。

参考文献

ゴフマン，アーヴィング（1974）『行為と演技――日常生活における自己呈示』誠信書房。

ゴフマン，アーヴィング（1982）『出会い――相互行為の社会学』誠信書房。

佐藤俊樹（2008）『意味とシステム――ルーマンをめぐる理論社会学的探究』勁草書房。

ナンシー，ジャン＝リュック（2009）『恋愛について』新評論。

ルーマン，ニコラス（2005）『情熱としての愛――親密さのコード化』木鐸社。

ルーマン，ニコラス（2020）『社会システム――或る普遍的理論の要綱（上）（下）』勁草書房。

第5章　ジェンダー——男であること・女であること

　これまで自我，コミュニケーション，恋愛を対象に，社会学的な考え方をご紹介してきました。ところで自分が自分であること，他者とのコミュニケーション，恋愛などと常に密接に関わり合うものとして「性」があります。本章では，こうした「性」，すなわち「ジェンダー」について社会学的な視点から考えてみましょう。

1 「男性らしさ」と「女性らしさ」

　まず，こんなことを考えてみて下さい。あなたは，どんな人や場面や性格・特徴などに「男性らしさ」や「女性らしさ」を感じますか？　これまでも講義で，こんな回答を頂いたことがあります。

> 男性らしさ
> 　腕の筋肉と血管がすごい／重い荷物を率先して持ってくれたとき／バックモニター使わずにバックでクルマを一発で駐車するとき，助手席から見る横向きの顔（設定が細かい）
> 女性らしさ
> 　怪我をしたときに絆創膏をとりだしたとき／料理をとりわけてくれる人／きれいなハンカチをいつも持っている

　しかし絆創膏をいつも持ちあるき，料理をとりわけ，きれいなハンカチを持っているということであれば，私もそうです。ゼミの食事会などで，学生さんのために料理をお皿にとりわけたりすることがありますし，絆創膏をいつもカバンの中に入れていますし，ハンカチも毎日洗濯したてのものを持ち歩いています。皆さんももし小さな怪我をしたら，私がそこにいたら絆創膏をあげます。

　ということで私は，「女性らしい」のでしょうか？　「男性らしさ」「女性らしさ」って，社会がつくりだしているイメージに過ぎないのかもしれませんね。

　親がどんな子どもに育ってほしいのかといったことについても，社会がつくりだしているイメージが関係しているようです。「男の子」に期待するものと，「女の子」に期待するものには少し違いがあって，しかも父親と母親でも違いがあるようです（図表5-1・2）。それは，社会がつくりだしている「男性らしさ」イメージ・「女性らしさ」イメージの違いと，どうやら結びついているようです。

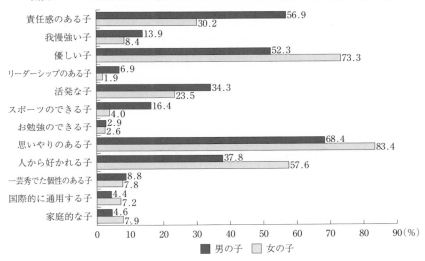

図表 5 - 1　どんな子どもに育ってほしいのか（母親の回答，回答者数＝2,293名）

出典：https://jp.moony.com/ja/tips/baby/childcare/other/bt0507.html

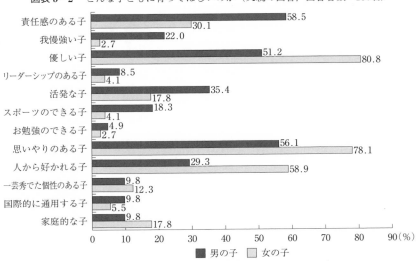

図表 5 - 2　どんな子どもに育ってほしいのか（父親の回答，回答者数＝136名）

出典：https://jp.moony.com/ja/tips/baby/childcare/other/bt0507.html

子どもが将来就きたい職業にも，社会がつくりだしている「男性らしさ」イメージ・「女性らしさ」イメージの違いが反映されているように思います。2020年４月に小学校に入学する子どもを対象とした調査によると，男の子の１位は「スポーツ選手」，２位は「警察官」，そして３位「運転士・運転手」であるのに対して，女の子の１位は「ケーキ屋・パン屋」，２位は「芸能人・歌手・モデル」，３位は「看護師」です。男の子が将来就きたい職業の６位に，「研究者」があります（図表5-3・4）。自分の職業が小学校にこれから入学する男の子にあこがれてもらえるなんて，まるで自分が褒められたようでうれしいです（違う）。

　でも男の子と女の子で挙げられている職業は結構違っていますよね。女の子でも「スポーツ選手」や「研究者」になりたいという子どもたちがたくさんいてもよいはずなのに，それはどうして挙げられていないのでしょうか？　それは，社会がつくりだす「男性イメージ」「女性イメージ」に私たちが知らず知らずのうちに影響されているからではないでしょうか？

　ここで，ちょっとしたクイズもしてみましょう。よく知られているので，ご存知の方もおられるかもしれませんが，こんなクイズです。

　　　ある腕利きの外科医が，大学病院に勤めていました。
　　　ある日，困難な手術を無事成功させたその医者が控室に戻ると，看護師から緊急の連絡が入りました。
　　看護師「先生，交通事故で大けがをした人が運ばれてきました。緊急のオペをお願いします。事故にあったのは２人で，父親と息子さんのようです。息子さんはまだ息がありますが，父親は即死だそうです……」
　　医者「わかった，すぐ行く！」
　　　その医者は疲れた身体にムチを打ちながら，急いで処置室に向かいました。するとそこには，まだかろうじて息があるという男の子が横たえられていました。その子の顔を見たとき，医者は愕然としました。なぜなら，その子は医者の息子だったからです！！
　　　しかし，父親は確かに即死したとのこと。

図表5-3　新小学1年生の男子児童が将来就きたい職業

(n＝2,000)

位	2020年（今年）	％	位	2019年（昨年）	％	位	2010年（10年前）	％	位	2000年（20年前）	％
1	スポーツ選手	18.8	1	スポーツ選手	20.1	1	スポーツ選手	30.1	1	スポーツ選手	20.5
2	警察官	15.1	2	警察官	14.2	2	消防・レスキュー隊	6.5	2	警察官	8.0
3	運転士・運転手	9.5	3	運転士・運転手	8.8	3	警察官	6.0	3	大工・職人	7.5
4	消防・レスキュー隊	7.8	4	消防・レスキュー隊	8.3	4	運転士・運転手	5.6	4	消防・レスキュー隊	6.8
5	TV・アニメキャラクター	5.5	5	研究者	5.7	5	大工・職人	4.8	5	運転士・運転手	6.7
6	研究者	4.7	6	TV・アニメキャラクター	5.5	6	ケーキ屋・パン屋	3.9	6	自営業	6.3
7	ケーキ屋・パン屋	3.9	7	ケーキ屋・パン屋	3.8	7	研究者	3.6	7	おもちゃ屋	6.2
8	医師	3.4	8	医師	3.5	8	TV・アニメキャラクター	3.2	8	ケーキ屋・パン屋	4.4
9	大工・職人	2.6	9	大工・職人	2.3	9	パイロット	3.1	9	パイロット	3.9
10	ユーチューバー	2.4	10	芸能人・歌手・モデル	2.0	10	医師	3.0	10	会社員	2.8
11	宇宙関係	2.2	11	パイロット	1.8	11	料理人	2.7	11	TV・アニメキャラクター	2.7
12	パイロット	2.1	12	料理人	1.8	12	鉄道・運輸関係	2.7	12	医師	2.7
13	料理人	2.0	12	ユーチューバー	1.8	13	芸能人・歌手・モデル	2.5	13	研究者	1.9
14	自営業	1.9	14	自営業	1.5	14	車整備・販売	2.1	14	車整備・販売	1.4
15	車整備・販売	1.7	15	会社員	1.5	15	会社員	2.0	15	教員	1.3
16	芸能人・歌手・モデル	1.2	16	車整備・販売	1.4	16	宇宙関係	1.5	16	宇宙関係	1.3
17	鉄道・運輸関係	1.2	16	鉄道・運輸関係	1.4	17	教員	1.3	17	建築家	1.2
18	自衛官	1.1	16	エンジニア	1.4	18	おもちゃ屋	1.2	18	芸能人・歌手・モデル	0.9
19	教員	1.0	19	ゲームクリエイター	1.3	19	自営業	1.1	19	ゲームクリエイター	0.7
20	エンジニア	0.9	20	教員	1.0	20	販売・接客業	0.9	19	エンジニア	0.7
			20	動物園・遊園地	1.0						

注：同一％で順位が異なる場合がありますが，これは実数を元に順位付けしたためです。
出典：https://news.mynavi.jp/article/20200403-1009763/

図表5-4　新小学1年生の女子児童が将来就きたい職業

(n＝2,000)

位	2020年(今年)	%	位	2019年(昨年)	%	位	2010年(10年前)	%	位	2000年(20年前)	%
1	ケーキ屋・パン屋	26.0	1	ケーキ屋・パン屋	26.7	1	ケーキ屋・パン屋	29.6	1	ケーキ屋・パン屋	24.5
2	芸能人・歌手・モデル	8.8	2	芸能人・歌手・モデル	9.0	2	花屋	11.5	2	花屋	20.3
3	看護師	6.0	3	花屋	6.2	3	芸能人・歌手・モデル	10.2	3	看護師	13.0
4	花屋	5.4	4	看護師	5.6	4	教員	6.1	4	教員	6.3
4	保育士	5.4	5	保育士	5.0	5	看護師	4.5	5	保育士	4.5
6	アイスクリーム屋	4.9	6	アイスクリーム屋	4.6	6	保育士	3.3	6	自営業	4.5
7	医師	4.7	7	教員	4.4	7	スポーツ選手	2.9	7	医師	3.5
8	教員	4.6	8	医師	4.3	8	美容師	2.7	8	芸能人・歌手・モデル	3.5
9	警察官	3.7	9	美容師	4.2	9	医師	2.7	9	音楽講師	2.2
10	美容師	3.5	10	警察官	3.0	10	アイスクリーム屋	1.6	10	美容師	1.6
11	TV・アニメキャラクター	2.7	11	TV・アニメキャラクター	2.7	11	TV・アニメキャラクター	1.5	11	バレリーナ・ダンサー	1.3
12	スポーツ選手	1.9	12	スポーツ選手	2.2	12	音楽講師	1.5	12	主婦・主夫	1.2
13	デザイナー	1.8	13	販売・接客業	2.1	13	バレリーナ・ダンサー	1.4	12	警察官	1.2
14	ペットショップ・トリマー	1.7	14	自営業	1.5	13	ペットショップ・トリマー	1.4	14	おもちゃ屋	1.2
15	自営業	1.2	15	動物園・遊園地	1.5	15	主婦・主夫	1.4	15	販売・接客業	1.1
16	キャビンアテンダント	1.1	16	ペットショップ・トリマー	1.4	16	料理人	1.3	16	スポーツ選手	1.0
16	動物園・遊園地	1.1	16	獣医師	1.4	17	ファッション関係	1.2	16	音楽家	1.0
18	主婦・主夫	1.1	18	デザイナー	1.2	18	自営業	1.2	18	キャビンアテンダント	0.9
19	販売・接客業	1.0	19	バレリーナ・ダンサー	1.0	19	販売・接客業	0.9	19	ペットショップ・トリマー	0.8
20	バレリーナ・ダンサー	0.9	20	医療関係	0.9	20	獣医師	0.9	20	画家・芸術家	0.7

出典：https://news.mynavi.jp/article/20200403-1009763/

　一体どういうことでしょう？

　そうです。

　お分かりのように，その腕利きの外科医は女性で，自分の夫と息子が事故で病院に担ぎ込まれたというわけです。これがクイズになるのは，外科医という職業が，社会がつくりだしている「女性イメージ」ではなく，「男性イメージ」に沿ったものとなっているからです。だから私たちは，つい，「あれ？　父親が即死したっていうのに，医者の息子ってどういうこと？」と混乱してしまうのです。

2　ジェンダーとセックス

　社会・文化がつくりだしている「男性イメージ」「女性イメージ」あるいは「男性らしさ」「女性らしさ」といったものを，社会学では，「ジェンダー（gender）」と言います。「社会的・文化的に形成された性差」ですね。

　ジョーン・スコットという歴史学者は，『ジェンダーと歴史学』において，ジェンダーを「身体的性差に意味を付与する知」と定義しています。これを，生物学的な性差である「セックス（sex）」と区分しています。

　ですから，生物学的には男性であっても「女性らしい」人もいれば，生物学的には女性であっても「男性らしい」人もいるということになります。私たちは，社会や文化がつくりだしている「らしさ」を振る舞いながら，みずからの性を生きているのです。

　では，社会や文化が「男性らしさ」「女性らしさ」をつくりだす際には，何を通して，つくりだしているのでしょうか？

　ジェンダーを日々再生産しているもの。――それは，言葉（呼びかけをはじめとした言葉づかい）や振る舞いなどです。

　「男性らしい」振る舞い，「女性らしい」言葉づかい，こうしたものを通して，

私たちは，社会や文化の中でみずからの「ジェンダー」を絶えず他者に呈示しているのです。このことは，尼神インターの「デートの練習」というコントを見ればよく分かるのではないでしょうか？

　尼神インターは女性2人のお笑いコンビです。このコントでは，「デートの練習」を2人でしているシーンが描き出されます。どちらも女性であるはずなのですが，どちらが男性役で，どちらが女性役なのか，一目瞭然です。それは，言葉遣い，振る舞いなどを通して分かるのではないでしょうか？

　　　尼神インターのコント「デートの練習」
　　　　誠子：ご飯なに頼む〜？
　　　　渚　：あ〜そやなー，じゃあ焼き鳥は俺が決めるから，お前はサイドメニュー
　　　　　　　担当に！　任命する！
　　　　誠子：隊長，了解しました〜！　シュシュシュシュシュシュシュシュシュシュ
　　　　　　　シュッ。フフフ。（両手で敬礼したあと肘から先を交互に振る誠子）
　　　　渚　：じゃあ，焼き鳥は〜盛り合わせかな。
　　　　誠子：はーい。スイマセン，焼き鳥盛り合わせと，このサラダくーください。はい，おねがいしまーす。ありがとうございまーしゅ。エへへ。

　ご興味があれば，「尼神インター　デートの練習」で検索してみて下さい。とするならば，言葉や振る舞いなどが変われば，ジェンダーのあり方も変わるということでしょうか？

　その通りです。

　ジェンダーのあり方は，社会や文化の中で言葉や振る舞いを通してつくられます。ということは，言葉や振る舞いが変われば，その社会や文化の中でつくられるジェンダーのあり方も変化していくということになります。

　恋愛のコミュニケーションの中で，相手をどのように呼びかけるのかも，ジェンダーを変化させていくものの一つだといえるでしょう。「二人称の言葉」の中で，男性が女性に何と呼びかけるのか，女性が男性に対して何と呼びかけ

るのか。その言葉づかいによって，ジェンダーのあり方が変化していることが見てとれるのではないでしょうか？

　このことについて，流行歌の歌詞から考えてみましょう。

　1973年にヒットした流行歌「くちなしの花」では，男性から女性には，「おまえ」という呼びかけがなされていました。

　　いまでは指輪も　まわるほど
　　やせてやつれた　おまえのうわさ

　ここでは男性から女性に「おまえ」という呼びかけが，当たり前のように用いられています。その頃，女性から男性に対しては，どのような呼びかけが一般的だったのでしょうか？　それは，「あなた」という呼びかけです。そのことは南沙織「17才」や，石川ひとみ「まちぶせ」という曲でも見てとることができます。石川ひとみ「まちぶせ」は，こんな歌詞です。

　　好きだったのよあなた　胸の奥でずっと
　　もうすぐ私きっと　あなたを振りむかせる

　しかし1980年代後半になると，流行歌の中においても，男性から女性に対する呼びかけが変化しはじめます。CHAGE and ASKA「SAY YES」や，小田和正「ラブ・ストーリーは突然に」などの歌詞において，そのことは顕著に見られます。「君」という呼びかけが一般化するのです。

　「SAY YES」
　　　余計な物など無いよね
　　　すべてが君と僕との愛の構えさ
　「ラブ・ストーリーは突然に」
　　　あの日　あの時　あの場所で　君に会えなかったら
　　　僕等は　いつまでも　見知らぬ二人のまま

63

さらに，そこから10年後，男性から女性への呼びかけの言葉として，流行歌でも大きな変化が訪れることになります。私は，その曲を初めて聴いた時に，社会学者としてとても面白く感じたものです。それは，GLAY の「HOWEVER」という曲です。

　　慣れない街の届かぬ夢に　迷いそうな時にも
　　暗闇を駆けぬける勇気をくれたのはあなたでした

　このように流行歌において，男性から女性に対する呼びかけの歌詞は，「おまえ」から「君」に，「君」から「あなた」へと変化します。他方，女性から男性に対する呼びかけの歌詞は，「あなた」からどうなっていったでしょうか？　これについては，持田香織という女性ボーカルが歌う ELT というバンドの曲「fragile」が興味をそそります。

　　「愛しい」だなんて　言い慣れてないケド
　　今なら言えるよ　君のために

　あるいは，aiko の「アンドロメダ」という曲も，ほぼ同時代の曲として興味深いものです。

　　交差点で君が立っていても　もう今は見つけられないかもしれない
　　君の優しい流れる茶色い髪にも　気付かない程涙にかすんでさらに
　　見えなくなる全て

　流行歌の歌詞の中で，男性から女性に対する二人称の呼びかけが「おまえ」→「君」→「あなた」となる一方で，女性から男性に対する二人称の呼びかけは，「あなた」→「君」へと移り変わっていくのです。さらに近年では，大変面白い曲がありました。恋愛の曲にもかかわらず，相手に対する呼びかけがゼ

ロの曲です。西野カナ「トリセツ」という曲です。取扱い説明書の言語は，「〜して下さい（please …）」といった丁寧な命令文でできていますから，基本的に呼びかけはありません。「恋愛コミュニケーションにおけるトリセツの言語学」は，面白い研究テーマです。

　　この度はこんな私を選んでくれてどうもありがとう。
　　ご使用の前にこの取扱説明書をよく読んで
　　ずっと正しく優しく扱ってね。

3　コンスタティブとパフォーマティブのズレ

　こうして言葉や振る舞いが変われば，その社会や文化の中でつくられるジェンダーのあり方も変化していくのです。もう少し言えば近年では，例えば「君はどう思うんだい？」と女性が男性っぽく男性に語りかけることで，中性どころか，女性らしさを巧妙に際立たせて演出することも出てきているのではないでしょうか？

　言葉のコンテンツとしては「中性っぽい」のですが，アピールしているのは「女性らしさ」という，コンテンツとアピールしていることの乖離が生じているのです。言葉や振る舞いのコンテンツで述べていること（コンスタティブ：constative）と，アピールし呈示していること（パフォーマティブ：performative）がズレているのです。

　分かりやすい事例があります。不器用な幼い男の子が，好きな女の子に，「おまえなんか，だいっきらい」という例のやつです。言葉のコンテンツで述べていること（コンスタティブ）としては「嫌い」なのですが，アピールし呈示していること（パフォーマティブ）は「好き」ですね。私も小学生の時，よくこういうことを言って，終わりの会（帰りの会）で「遠藤くん，あやまって下さい」と好きな子に怒られ，「ごめんなさい。もう言いません」と言わされまし

た。つらい思い出です。

　言葉や振る舞いには，コンスタティブ（言葉のコンテンツ）とパフォーマティブ（アピールしていること）の両側面があることに注目した，哲学者がいます。**ジョン・ラングスロー・オースティン**という人です。彼の『言語と行為』という本は，言語哲学の重要な著作です。

　ジェンダーをめぐる言葉や振る舞いにも，コンスタティブとパフォーマティブの２つの側面があって，近年，これがズレてしまうことが出てきているのです。流行歌の楽曲でも，そうしたことが見受けられます。

　乃木坂46「帰り道は遠回りしたくなる」という曲があります。この呼びかけは，一瞬，男性から女性に対して「君」と呼びかけている内容（コンスタティブ）に見えます。

　でも，この楽曲がアピールしている（パフォーマティブな）点は，実は乃木坂46というグループの女性らしさなのです。ジェンダーによる男性から女性に対する呼びかけを通じた，女性らしさのアピールが展開された曲だといえるでしょう。

　このように社会や時代とともに，「ジェンダー」のあり方は移り変わっていきます。そうすると，同時に「セクシュアリティ」もまた変化していきます。

4　「セクシュアリティ」の変化

　「セクシュアリティ」とは，「自分の性をどのように捉えているのか」や「どのような性的指向性を持っているのか」を意味する言葉だと，とりあえずおさえておいて下さい。「男性が女性のことを好きになる」「女性が男性のことを好きになる」というのも，セクシュアリティの一つであり，それを「ヘテロセクシュアル（異性愛）」と言います。こういうセクシュアリティをもっている人ももちろんいます。

　しかしセクシュアリティは，これだけにとどまらず，いまや多様化・多元化

しています。「LGBTQIA＋」という言葉を，聞いたことがあるでしょうか？
LGBTQIA とは，以下の言葉の頭文字をとったものです。

　　　L：レズビアン（Lesbian）
　　　G：ゲイ（Gay）
　　　B：バイセクシャル（Bisexual）
　　　T：トランスジェンダー（Transgender）
　　　Q：クエスチョニング（Questioning）
　　　I：インターセックス（Inter-sex）
　　　A：アセクシュアル（Asexual）
　　　＋：以上に収まらないセクシュアリティ

　レズビアン（Lesbian）は，自分を女性だと思っていて同性の女性が好きな人
のことを言います。ゲイ（Gay）は，自分を男性だと思っていて同性の男性が
好きな人のことです。バイセクシャル（Bisexual）は，男性・女性の両方を愛
することができる人を意味します。トランスジェンダー（Transgender）は，
主に身体的な性別と自分が思っている性別（性自認）が一致しない人のことで
す。クエスチョニング（Questioning）は，自分の性別が分からない人や意図的
に決めていない人たちを意味します。インターセックス（Inter-sex）は，身体
の構造として男性・女性どちらか決められない人です。アセクシュアル（Asex-
ual）は，誰に対しても恋愛感情や性的欲求を抱かない人です。
　また，これら以外に「自分の性を意図的に決めていない」，模索中のクエス
チョニングではなく，あえて積極的に男女間を揺れ動くことを自分の性自認に
しているXジェンダーもあります。
　またバイセクシュアルだと男女どちらの性も愛する人になるのですが，男性
か女性かにとどまらず，Xジェンダーの人もインターセックスの人も，どんな
性の人も性に関わりなく愛することができるパンセクシュアル（Pansexual）の
人もいます。

フーコー

　このようにLGBTQIAにとどまらない，セクシュアリティも当然あるだろうと，現在は「＋」を付けるようになっています。こうしたセクシュアリティは，社会や時代のあり方と深く関係しているのです。

　「自分の性をどのように捉えているのか」や「どのような性的指向性を持っているのか」を意味するセクシュアリティは，非常に個人的な問題ではあるのですが，同時に社会や時代と密接に結びついて考えなくてはならない現象だといえるでしょう。そのようにセクシュアリティを社会や時代と結びつけながら議論しようとしたフランスの哲学者・思想家に，ミシェル・フーコーという人がいます。

　「シドニー・ゲイ・アンド・レズビアン・マルディ・グラ」というイベントは，セクシュアリティが社会や時代のあり方と深く関係してきたのだということを示しているといえるでしょう。かつて同性愛が犯罪とされていた時代，それに抵抗しようとデモが行われ，多くの逮捕者をだしました。このデモをきっかけに始まったこの祭典は，ゲイやレズビアンの人たちの抵抗の歴史の中で生まれてきたのです。いまや2月から3月のオーストラリア・シドニーを彩る一大観光イベントとなっています。すごく楽しいので，一度行ってみて下さい。

5　性の問い直し

　こんな風に「ジェンダー」や「セクシュアリティ」を捉えていくと，身体的な性差を意味する「セックス」だって，それほど当たり前というわけではないということに気づきますよね。「インターセックス」のことを思い出してみて下さい。

　すると，性のカテゴリーそのものが怪しいものになりませんか？

　例えば「男性器」を持ち「XX」の染色体で，男性ホルモンよりも「女性ホルモン」が多く，自らは「女性」として意識しているが，性的対象として「女

性」に惹かれ，「男性的な表現」を行う人は，どういう性になるのでしょうか？

　身体的な性差である「セックス」は，自然にそうなっているというのは，本当にそうなのか？　何を自然な性差（セックス）として，何を文化的な性差（ジェンダー）とするのか？　こういう分け目さえも，実は，社会や文化がつくりだしているのではないでしょうか？

　このことを議論した人に，アメリカ合衆国の哲学者ジュディス・バトラーがいます。日本に講演に来日した時の動画も見れます。

　ジュディス・バトラーの著『ジェンダー・トラブル』は，何を自然な性差（セックス）として，何を文化的な性差（ジェンダー）とするのかさえ，社会や文化がつくりだしていることを議論した本として重要です。この本は，「カテゴライズするということは，そもそも必要なのか？」「必要なら，どうして必要か？」「不必要なら，なぜ今まであったのか？」「カテゴライズ」することの持っている権力性や意味をもう一度，考えてみても良いのかもしれない，といったことを私たちに突き付けてきています。

　その人のことを，カテゴライズすることなく，ただ，その人として愛する。そうしたことの大切さを私たちはいま一度考え直してもよいのかもしれませんね。例えば，タレントの井手上漠さんの事例を考えてみてもよいのかもしれません。

　その人を何らかの性のカテゴリーに当てはめる。それは一体，誰のために，何が，何によって，行っていく必要があるのでしょうか？

参考文献

オースティン，ジョン・ラングスロー（2019）『言語と行為』講談社。
スコット，ジョーン（2004）『ジェンダーと歴史学』平凡社。
慎改康之（2019）『ミシェル・フーコー──自己から脱け出すための哲学』岩波書店。
バトラー，ジュディス（1999）『ジェンダー・トラブル』青土社。

第6章　家　　族──アニメ・テレビドラマ・映画にみる家族のかたち

　前章では，「性」や「ジェンダー」について社会学的な視点から考えてみましたね。こうした「性」や「ジェンダー」といった現象は，「家族」とも密接に結びついています。そこで，本章では，その「家族」について考えてみましょう。その際にはアニメ，テレビドラマ，映画といったメディア作品を手がかりとして考えていくことにしたいと思います。

1 ノスタルジックな家族像

　本章ではまず『Always　三丁目の夕日』という映画を取り上げ，話を進めていきたいと思います。これは，2005年に公開された映画で，監督に山崎貴をすえ，西岸良平原作の総売上1,400万部を超えるマンガ『三丁目の夕日』を映画化したものです。あらすじはこんな感じです。

　　映画の舞台は，昭和30年代，東京下町。その下町で鈴木則文（堤真一）とトモエ（薬師丸ひろ子）夫婦が鈴木オートという小さな町工場を経営している。夫婦は一平（小清水一揮）という一人息子と，貧しいなりに，楽しくにぎやかな日々を送っていた。そこへ，蒸気機関車に乗って青森から集団就職で六子（堀北真希）がやってくる。彼女は六ちゃんと親しまれるが，大企業に就職できると期待していた六子は，小さくて古臭い下町工場の鈴木オートにがっかりする。その向かいには，売れない小説家の茶川竜之介（吉岡秀隆）が営む駄菓子屋「茶川商店」がある。茶川は鈴木オートの社長と仲が良いのに，いつもケンカばかり。そんなある日のこと，茶川は酔った勢いで，居酒屋「やまふじ」の美人店主・石崎ヒロミ（小雪）から，見ず知らずの子ども・古行淳之介（須賀健太）を預かってしまう。そして茶川と淳之介，2人の共同生活が始まる……。

　この映画では，これから高度経済成長期に突入していこうとする日本社会における，いろいろなイメージが出てきます。家族のイメージもそうです。まだ戦争の傷跡が残る日本で，貧しいなりに，家族みんなで力を合わせて，懸命に幸せになろうとする人びとのすがたが描かれています。内閣総理大臣をつとめたこともある政治家の安倍晋三さんも『美しい国へ』という自著の中で，『ALWAYS　三丁目の夕日』を取り上げ，こんなことを言っています。

　　「いまの時代に忘れられがちな家族の情愛や，人と人とのあたたかいつながりが，世代を超え，時代を超えて見るものに訴えかけてきた。」

　「昭和30年代の日本では，多くの国民が貧しかったが，努力すれば豊か
　になれることを知っていた。だから希望がもてた。」

　安倍さんによる2007年のインド公式訪問に同行した昭恵夫人も，8月21日に
ニューデリーのインド国際センターにおいて国際交流基金と在インド日本国大
使館が共催した「日印交流年」記念日本映画祭の開会式で，『ALWAYS　三丁
目の夕日』を紹介し，次のように言っています。

　「この映画は，夫がとても好きな作品の一つです。素朴な子どもの頃の
　ことを，夫はこれを見ていて思いだすようです。自分が皆様に紹介するこ
　とを，夫は楽しみにしておりました。ともあれ皆さん，どうか皆さんを，
　無垢なうちにも懐かしい，三丁目の夕日が描き出すあの楽天的な日本へと，
　ご招待させて下さい。」

　なるほど。確かに，この映画を見ると，安倍さんの本を読むまでもなく「昭
和30年代の日本社会で生きる家族は，貧しいけれど，とてもあたたかなつなが
りの中で生きていたんだな」という気になります。
　でも，ここで，ちょっと立ち止まって考えてみましょう。
　『Always　三丁目の夕日』で描かれた家族イメージって，本当に，かつての
日本社会の家族なのでしょうか？　もしかすると，そこで描かれている家族は
実は，かなりの程度，現代的なかたちの家族なのかもしれません。
　それはどういう意味でしょうか？　そのことを，以下では皆さんと考えてい
くことにしたいと思います。

2　家族の構造と機能

　その前に，まず「家族の構造と機能」に関する議論を確認しておくことにし

ましょう。構造や機能という言葉は，社会学でよく出てくる言葉です。最初は
とまどうかもしれませんが，そんなに難しい意味ではありません。

　「構造」というのは「かたち」のことです。そして「機能」というのは「はたらき」のことです。ですから，「家族の構造と機能」とは，「家族のかたちとはたらき」というくらいの意味です。「それなら最初から，そう言えよ」と思いますよね。確かにそうです。私も学部時代はじめて，「構造」とか「機能」といった言葉を聞いた時にはそう思いました。

　社会学には家族社会学という分野がありますが，この分野で「家族の構造と機能」に関する議論が紹介されるとき必ずといって出てくる名前があります。ジョージ・ピーター・マードックという名前です。彼はアメリカ合衆国の人類学者ですが，私としては，この人の議論に対して疑問を持っています。ただ，それはさておき，マードックがどんなことを言っているのか紹介しましょう。

　マードックは「核家族普遍説」を主張し，どのような社会においても，人間社会の家族には，共通の核（中心となるかたち）があると言います。彼は，それを「核家族」と呼びます。具体的には，「夫婦とその未婚の子どもたちを構成員とする家族」のことですね。これがどのような家族であれ，共通の核となっていて，その核が組み合わさることで，いろいろなかたちが生まれているのだというわけです。

　例えば「拡大家族」は，親世帯の核家族と子ども世帯の核家族が同居するなどして「一つの家族の中に複数の核家族が含まれているもの」だと理解できます。同居していなくても，親世帯と子ども世帯が近くに住んでいて頻繁に訪問し合う家族もあります。それは「修正拡大家族」と呼ばれます。いわゆる「スープの冷めない距離」に住んでいる家族ですね。これだって，親世帯の核家族と，子ども世帯の核家族の組み合わせです。

　さらに「複婚家族」というかたちもあります。これは，一夫多妻または一妻多夫の家族のことです。「そういう社会があるの？」と驚かれる方がおられるかもしれません。一夫多妻の具体例としてよく取り上げられるのは，イスラー

ム社会の家族です。コーランの教えの下で，男性は4人まで妻をめとることができます。一妻多夫もブータン・チベット・ネパールなどの地域で具体的にみられます。

　マードックの「核家族普遍説」をもとに一夫多妻の家族を考えると，男性は1人ですが，女性からすると，それぞれが「核家族」を形成していて，そうしたいくつかの「核家族」が集まっていると解釈できます。このように，家族の構造（かたち）においては，「核家族」が最少単位となっているのではないかというわけです。

　アニメで考えてみましょう。主人公の家族が「核家族」となっているのは，『クレヨンしんちゃん』ですね。「ひろし」「みさえ」という夫婦の下で，「しんのすけ」「ひまわり」という未婚の子どもがいます。ちなみに『クレヨンしんちゃん』の公式サイトを見ると，彼らの年齢が出ています。「ひろし」は35歳，「みさえ」は29歳，「しんのすけ」が5歳，「ひまわり」が0歳です（どうでもいい情報かもしれませんが）。

　この「核家族」が組み合わさると「合成家族」となり，その中に「拡大家族」「修正拡大家族」「複婚家族」などが分類されます。例えば「合成家族」における「拡大家族」が主人公の家族となっているのは，『サザエさん』です。

　サザエさん一家では，波平・フネ夫婦とカツオ・ワカメという未婚の子どもからなる核家族と，波平・フネの長女サザエがマスオと結婚し夫婦となり，タラオという子どもをもうけて形成されている核家族が同居し組み合わさっています。

　『サザエさん』の公式サイトにも年齢が出ています。それによると波平54歳，フネ52歳，カツオ11歳，ワカメ9歳，マスオ28歳，サザエ24歳，タラオ3歳です。2020年10月現在，54歳というと，俳優さんだと本木雅弘が波平と同い年ですね。フネと同い年なのは原田知世です。マスオと同い年はアイドルグループ「ジャニーズWEST」の重岡大毅，サザエと同い年は橋本愛です。アイドルグループ嵐の松本潤がいま37歳なので，もしマスオと同じ会社で飲み会に行った

ら，松本潤が後輩のマスオにお酒を注いであげながら「おい。マスオ。お前，もう少し頑張れよ」と言っている感じです。何かイメージと違いますね（笑）。

　こんな風に家族の構造（かたち）を整理したあとで，マードックは，家族の機能（はたらき）についても分類していきます。彼が家族の機能として挙げるのは，次の４つです。

①　性的機能
②　生殖的機能
③　教育的機能
④　経済的機能

　「性的機能」とは，「夫婦間の性的な欲求を相互に充たす役割」をいいます。「生殖的機能」とは，「子どもを産み育て，種の保存をはかる役割」のことです。「教育的機能」とは，「子どもを教育し，社会に適合できるようにする役割」を意味します。特にこれを「社会化」と言ったりします。「経済的機能」とは，「お金を稼いで生計をたて，お互いが経済的に協力する役割」をいいます。家族にはこういう４つの機能（はたらき）があるのだと，マードックは言うのです。

3　近代家族の誕生とゆらぎ

　でも私としては，こういう考え方に対し，かなり批判的です。そもそも，こういうように構造と機能から考えるというアプローチそのものが，大きな限界を持っているように思えてなりません。こうしたアプローチを無批判的にとってしまうことで，家族の大切な何かがみえないままとなってしまうと考えています。

　では，それは，どういうものなのでしょうか？

　そこに話を進めていく前に，もう少し，マードックの用語を利用してみるこ

図表 6‑1　家族類型別世帯割合の変化

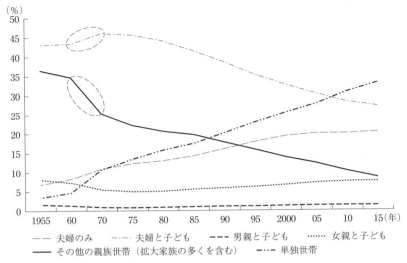

出典：国立社会保障・人口問題研究所データを基に筆者作成。

とにします。日本社会では1960〜1970年代の高度経済成長期を経て，都市部を中心として，サザエさん一家のような「拡大家族」が衰退していきました。それに代わって主流となっていったのが，クレヨンしんちゃん一家のような「核家族」です。図表6‑1を見て下さい。これは，1955〜2015年の「家族類型別世帯の割合」を示したものです。

　これを見ても，日本社会では1955年以降，「拡大家族」の多くを含む「その他の親族世帯」の割合が減少傾向にあり，夫婦と子どもからなる「核家族」が1960〜1970年代には増えていることがわかります。それは，「近代家族」とも呼ばれるものです。「近代家族」とは，20世紀半ばの先進諸国でピークを迎えた家族のあり方で，マードックの分類でいうと，その多くが「核家族」のかたちをとるものでした。

　「近代家族」の特徴としては，以下のようなものを挙げることができます。

① 恋愛が結婚に結びつく
② 結婚したら子どもをもうける
③ 母親は家庭にいる
④ 子どもが中心の生活

　日本社会において1960年代以前には，恋愛と結婚は，必ずしも結びつくというものではありませんでした。しかし第4章でもみたように，1960年代頃に見合い結婚と恋愛結婚の割合が逆転していくとともに，恋愛結婚する人が大勢を占めるようになります。すると，好きな人と情熱的な恋愛をして結婚するのが理想とする考え方が一般化していくのです。こういう考え方を「ロマンティック・ラブ・イデオロギー」といいます。

　そして，結婚したら子どもをもうけるのが「当たり前」で，そうして初めて幸せを実感できるとするような考え方が主流となります。さらに，子どもをもうけたら，子どもたちをすこやかに育てるために，母性愛を大切にして（母性イデオロギー），「母親は家庭にいるべき」とされるようになっていくのです。

　それは，子どもは無垢で，守ってあげなくてはならない存在で，愛情をもって育てるべきであるという考え方（愛情イデオロギー）と密接に結びつくものです。フランスの歴史家であるフィリップ・アリエスは，『〈子供〉の誕生』という本の中で，中世の西洋社会では子どもが無垢で愛されるべき存在として考えられてはおらず，「小さな大人」として大人たちと同じ対応をされていたと主張しています。それが近代社会に入って，純粋で汚れなき存在として「子ども」が見なされるようになり，「子ども期」なるものが発明されたといいます。

　家族のかたちは，1960年代から1970年代にかけて，このような家族に急速に傾いていったのです。同時に，近代家族は，女性がたどる人生のみちすじ（ライフコース）も変化させていきます。

　多くの女性たちは「専業主婦」になるのが「常識」とされており，高い学歴を身に付けても仕方ないとされていました。高校か短大まで行けば十分だとさ

図表6-2　M字曲線を描いていた女性の就業率

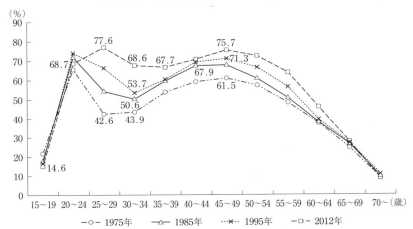

注：「労働力率」とは，15歳以上人口に占める労働力人口（就業者＋完全失業者）の割合。
資料：内閣府『男女共同参画白書 平成25年版』。
出典：https://imidas.jp/genre/detail/F-102-0015.html

れ，そこを卒業したら，数年勤めてから結婚するものだといわれていました。
「24歳を過ぎると，適齢期がすぎて売れ残る」と言われ，25歳で未婚の女性は
「（12月24日を過ぎても売れ残っている）クリスマスケーキ（のよう）だ」だと笑わ
れることもありました（滅茶苦茶です）。

　しかも結婚は，できれば恋愛結婚が望ましく，早い内に子どもをもうけるこ
とが幸せだとされるようになります。子どもをもうけた後は，外で働く夫を
「良妻賢母」としてかいがいしく支え，愛情豊かな母親となる。そして子ども
の自立後に，好きな旅行や趣味でお金を使うために，ようやくまたパートに出
たりして社会で活躍すればよいとされていました。

　事実，この頃の女性の就業率は，「M字型曲線」をたどっています（図表6-2）。
「M字型曲線」とは，少女期には働かないので就業率は低く，その後，就職し，
就業率が高くなるが，結婚と同時に退職するため，再度就業率が低くなり，子
どもの自立後はパートなどで就業率が高まるといったことを指す言葉です。

しかしながら以上のような近代家族のかたちが，必ずしも幸福ばかりをもたらすわけではないということに人びとは気づきはじめ，1980～1990年代にかけて，そのかたちがゆらぎはじめていきます。

　そのことを象徴するような，悲惨な事件が1997年に起こります。神戸連続児童殺傷事件です。当時14歳の中学生であった少年Ａが，「酒鬼薔薇聖斗」と名のり，複数の小学児童を殺害しました。少年Ａは祖母の死をきっかけに犯罪へと傾斜していくのですが，彼にとって父親は希薄な存在であり，母親のことは小さい頃から「まかいの大ま王」と呼んでいました。その時に限って言うならば（現在もそうなのかは分かりませんが），彼にとって，家族はもはや幸せの場所ではなかったのです。

　こうして，近代家族というものがもっていた「幸せのイメージ」が次第に崩れはじめ，さらに2000年代以降になると，家族はある人にとっては息苦しさを感じさせるような檻のようなものになっていきます。そのことを表現するようなテレビドラマも，現れてきます。例えば『家政婦のミタ』というドラマも，その一つでしょう。あらすじは，こうです。

　　　阿須田恵一（長谷川博己）の家族は，妻の死により崩壊寸前となっていた。そんな阿須田家に，三田灯（松嶋菜々子）という家政婦が派遣されてくる。彼女は家政婦としての仕事はすべて完璧にこなすものの，無表情で対応も機械的である。その三田が起こす行動で，バラバラだった家族は次第に絆を取り戻していく。阿須田恵一やその子どもたち（忽那汐里，中川大志，綾部守人，本田望結）は，突飛に思えるような三田の行動の裏に，深い愛情や思いやりが秘められていたことに次第に気づいていく。三田に対して，本当の家族の一員となってほしいと望むようになる子どもたちだったが，彼女は自らの家族について，その申し出を受け入れることのできない悲しい過去と深い心の傷を抱えていたのだった……。

　自分の意に沿わないと子どもたちを虐待する親。愛情をおしつけようとする親。そんな親から逃れようと非行行動にはしる子どもたち。この頃には，家族

が必ずしも幸せをもたらすとは限らないということに，人びとは気づいていきます。そうした中で，改めて〈家族とは何か〉が，問われるようになっていくのです。

4　家族の個人化

　では，家族とは一体何なのでしょうか？　血のつながりがあれば家族となるのでしょうか？　それとも別のつながりが重要なのでしょうか？　もしそうだとして，それは，どのようなつながりなのでしょうか？　愛情でしょうか？　では愛情さえあれば，血のつながりがまったくなくても，家族といってもよいのでしょうか？

　このことを考えさせてくれる映画があります。2018年に公開された『万引き家族』という映画です。是枝裕和監督の作品で，第71回カンヌ国際映画祭で最高賞にあたるパルム・ドールを受賞しています。あらすじは，こうです。

　　高層マンションの谷間にポツンと取り残された小さな家が一軒ある。この家の持ち主は，柴田初枝（樹木希林）である。その家に，初枝の息子・柴田治（リリー・フランキー）と信代（安藤サクラ）の夫婦，夫婦の息子・祥太（城桧吏），信代の妹の亜紀（松岡茉優）の4人が転がり込んで一緒に暮らしている。彼らは，初枝の年金を当てにしながら，足りない分は万引きをして稼いでいた。貧しい彼らだったが，いつも笑いが絶えず，仲よく暮らしていた。そんなある日，近隣の団地の廊下で幼い女の子・ゆり（佐々木みゆ）が震えているのを見つける。見かねた治が家に連れ帰ったところ，体中傷だらけの彼女の境遇を思いやり，信代は娘として育てることにする。だが，ある事件をきっかけに，実は彼らの誰も血のつながりがなかったことが明らかとなる……。

　この映画では，それぞれが誰を親と考えるのか，誰を子どもと考えるのかを決め，家族をつくっています。登場人物の誰にとっても，家族は「当たり前」のものではありません。彼らにとって，それは最初からあるものではなく，次

ギデンズ

第につくりあげたものなのです。家族になるのも，家族のき
ずなを断ちきるのも，一人ひとりが決めています。個人が
「選択可能」なものとして家族を捉えている点で，とても面
白い映画です。

　このことを，イギリスの社会学者アンソニー・ギデンズに
よる「個人化」という言葉をつかって考えることもできるで
しょう。

　ギデンズによれば，かつての伝統社会においては，「自分は何者なのか？」
は，生まれた身分や家族，地域などといった外的な基準によって，ある程度決
められていました。どの家族に生を受けたのかによって誰と結婚できるのかが
決まり，どの身分に生まれたのかによってどのような職業に就くことができる
のかが分かっていました。

　でも近代社会が成立して以降，事態は変わり始めます。人びとは，生まれた
身分や家族，地域などから解き放たれ，職業，結婚，居住地，ライフスタイル
などを自由に選択できるようになりました。自分たちが埋没してきた身分制
度・地域・伝統の束縛から自由になったのです。

　そのため近代に生きる私たちは，外的な基準によってではなく，自分自身の
内側で絶えず「自分は何者なのか？」を問い続けていかなくてはならなくなっ
ています。どのような職業を選ぶのか，誰と結婚するのか，そもそも結婚をす
るのかしないのか，どこに住むのか，どのようなものに価値を置き，どのよう
なライフスタイルを選択するのか，どんなファッションを身にまとい，どんな
ヘアスタイルを選ぶのか。こうした自分自身のあり方を絶えず自覚的にモニタ
リングし，「自分は何者なのか？」に関わる物語を紡ぎ続けていかなくてはな
らなくなっているのです。

　ギデンズはこうしたことを「個人化」と捉えるのですが，現代において，家
族もまた「個人化」しているといえるのではないでしょうか？　家族はライフ
スタイルやヘアスタイルと同じように，個人が選択すべきものになっているの

です。

　〈ペットが大切な家族だ〉と考える人が多くなってきたのも，その表われです。ペットである動物とは，血のつながりはありませんし，血のつながりどころか種だって違っています。でも私たちは時に，ペットを大切でかけがえのない家族と考え，ペットが亡くなると家族を喪ったように悲しみ，お墓さえつくったりもします。

　私たちはもはや，近代家族だけが家族ではないと実感するようになっているのです。皆と同じような構造（かたち）の下で，同じような幸せを目指す，そんな近代家族だけが「ふつうの家族」ではなくなっているのです。それぞれが異なるかたちで，それぞれの幸せを求めてもよいのではないかと思いはじめているのです。

　私たちはもはや，「家族である」ことによって「家族になる」のではなくなっています——逆です。「家族になる」ことによって「家族である」ことができるのです。2018年にバーチャル・アイドルである初音ミクと結婚式を行った男性のニュースが報じられましたが，それも，その一つのかたちではないでしょうか？

　ここで『Always　三丁目の夕日』のことを思い出して下さい。この映画では，茶川と淳之介には血のつながりが無かったのに，一緒に暮らすようになり，のちにヒロミも加わって「家族になる」ことを描いていたのではなかったでしょうか？　とするなら，それは安倍さんが思い描いていた「懐かしい日本」どころか，「現在の日本」だったのです。

　ただし，ここで注意すべきなのは，これまでの家族のあり方が変わっていくことが，「家族」を衰退に追いやるわけではないということです。「家族の個人化」が進行するがゆえに，逆説的に，家族に対して重きがおかれるようにもなるのです。

　図表6-3を見て下さい。これは，「あなたにとって一番大切と思うものは何か」といったことを尋ねた調査結果をグラフにしたものです。これをみると，

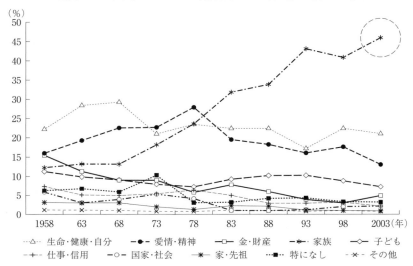

図表6-3 「あなたにとって一番大切なものは何か」に対する回答

備考：1．統計数理研究所「国民性の研究全国調査」により作成。
　　　2．「あなたにとって一番大切と思うものはなんですか。一つだけあげてください。」との問い
　　　　　に対し自由記入してもらった回答を分類したもの。
　　　3．回答者は，20歳以上80歳未満の有権者。
出典：『国民生活白書　平成19年版』。

「家族」と回答する人の割合が年々増え続けているのが分かります。新しい家族のかたちが実現され，かつての家族のかたちからかけ離れていくのと同時進行で，「家族って良いものだなあ」と，人びとが家族をノスタルジックに（懐古的に）理想化するようになるのです。家族が「かつての時代の家族」から異なるものとなり「新しい時代の家族」になっているにもかかわらず，それを懐古的に「かつての時代の家族」と重ね合わせてイメージしてしまう（安倍さんの本を思い出して下さい）。家族を脱常識的にみることで，現代がそういう捩じれた時間意識をもった時代であることが浮き彫りになるのです。

　では，ここまでお読み頂いた皆さんに，次の質問をして本章を閉じることにしましょう。

──皆さんにとって，家族とは何ですか？

参考文献

アリエス，フィリップ（1980）『〈子供〉の誕生——アンシァン・レジーム期の子供と
　　家族生活』みすず書房。

上野千鶴子（2020）『近代家族の成立と終焉』岩波書店。

落合恵美子（2019）『21世紀家族へ——家族の戦後体制の見かた・超えかた　第4版』
　　有斐閣。

ギデンズ，アンソニー（2005）『モダニティと自己アイデンティティ——後期近代にお
　　ける自己と社会』ハーベスト社。

マードック，ジョージ・ピーター（2001）『社会構造——核家族の社会人類学』新泉社。

第7章　仕事・産業——これからの社会における「承認」のゆくえ

　前章では「家族」を扱いましたね。家族というものも，とて
も不思議なものであることが見てとれたかと思います。
　そうした家族の中で暮らしを営むことで私たちは，愛を育ん
だり，憎悪を募らせたりしていきます。それは「承認」という
ものと密接に結びついています。本章は，この「承認」のあり
方を仕事・産業に引き寄せながら検討していくことで，現代社
会における仕事・産業のあり方を脱常識的に振り返って考え直
してみることにしましょう。

1　社会で生きるためのコア

　私たちは，常に他者と関わりながら，この社会を生きています。時には他者と愛を育み，時には他者への憎悪をつのらせ，時には他者からいわれなき差別を受け，時には他者からの称賛を得ます。

　他者を「承認」するか否か，他者から「承認」されるか否かは，私たちが社会の中で生きる上でコアとなっているのだといえるでしょう。ドイツの社会学者アクセル・ホネットは，この「承認」を軸にして，社会を読み解こうとしています。

　彼は，「承認」が，「愛の承認」「法の承認」「連帯の承認」の3つに区分されると言います。まず「愛の承認」とは何でしょうか？

　これは，具体的には親子や兄弟など家族，恋人や夫婦，友だち同士によってなされる承認の形式です。私たちは誰もが「かけがえのない存在」として，家族・恋人・夫婦・友だちをはじめとする「親密な他者」から承認されることを必要とします。そうして初めて，私たちはこの社会を生きることができるようになるのです。

　次に「法の承認」とは，どういうものをいうのでしょうか？

　それは，法や権利の下で，一人ひとりが自由と平等を享受できる存在として扱われることを認めるということです。どのような国に生まれようと，どのような宗教を信じていようと，どのような性であろうと，経済的にどのような状況で生まれてこようと，私たちは不当な差別を受けず，法や権利によって承認されることが大切ですね。「愛の承認」の下では，一人ひとりが「特別な存在」＝「かけがえのない存在」として扱われるのに対して，「法の承認」の下では，誰もが「同じ存在」＝「平等な存在」として扱われることになるというわけです。

　では，「連帯の承認」とは何でしょうか？

　これは，人びとが，共通する価値観や目標をもつ共同体の下で，その共同体

からどの程度評価されるのかを中心とした承認の形式です。会社の中で一生懸命に働き，業績も挙げているという自負がある場合，人は自分のことを正当に評価してもらいたいと望み，経済的な報酬や仲間からの称賛を得たいと思うのではないでしょうか？　「連帯の承認」とは，こうしたものを意味しています。

2　承認が見えにくくなる社会

　以上の「愛の承認」「法の承認」「連帯の承認」といった「承認」を得ようと，私たちは現代社会において人と関わり，あがき，闘争し続けているのだと，ホネットは主張しているのです。例えば現代社会において切実な問題となっている「難民の排除／受容」も，こうした「承認をめぐる闘争」から考えることができます。

　2015年以降，多くの難民がヨーロッパ諸国に押し寄せた「欧州難民危機」では，シリア・イラクをはじめとする中東諸国，リビア・スーダン・ソマリアをはじめとするアフリカ諸国，アフガニスタン・パキスタンなどをはじめとする南アジア諸国，コソボ・アルバニアをはじめとするバルカン半島西部の国々で起きた内戦・戦争・宗派対立・テロ・紛争のために，120万人を超える人びとが難民となりました。このような事態を前にして，難民を受容していくべきだとする人びとと，難民を排除すべきだとする人びととの間で，対立が激化するようになっていました。

　難民を受容すべきだとする人びとは，難民も含め，「法の承認」が得られるようにすべての人間が等しく扱われるべきだと言います。それに対して難民を排除すべきだとする人びとは，自国に多数の難民がおしよせてくることで，共同体が揺らぎ，「連帯の承認」が困難となってしまうことを危惧するのです。こうして，いまや難民問題においても「承認をめぐる闘争」が生じているのです。

　現代において後を絶たない「子ども虐待」も同様に，「承認をめぐる闘争」として考えることができます。親から虐待を受ける子どもたちは，誰よりも親

密であるはずの相手から「愛の承認」を得られなくなっているのではないでしょうか？　それだけではなく，そこには貧困問題なども絡み合っている場合もあり，その意味では「法の承認」が「子ども虐待」を生み出す原因ともなっています。また虐待の問題を抱える家族は地域社会の共同体から排除されていることも少なくなく，その点では「連帯の承認」も大きく関連しています。それゆえ私たちが「子ども虐待」に向き合うということは，「愛の承認」「法の承認」「連帯の承認」をめぐって様々な戦いを行っていくことを意味しているのです。

　このように「難民の排除／受容」「子ども虐待」など，現象として見ればまったく異なる問題も「承認をめぐる闘争」が基底にあるのだと考えることができますね。ジェンダーやセクシュアリティをめぐる差別，学校におけるいじめなども同様です。もしそうだとすれば，ホネットが主張するように，「承認をめぐる闘争」は社会を読み解く上で鍵となるものであるといえるでしょう。

　ただホネットの議論では，社会の変容とともに，「承認」のあり方そのものが変わってしまうということについては考えられていないように思われます。たとえばインスタグラムにおいて「いいね！」をもらうというのも，現代社会では大切な承認のかたちになっています。それは，もしかしたら「はかない承認」なのかもしれませんが，ある人にとってはかけがえのないものであったりもします。それを，はかないものだから論じてもムダなんて切って捨てるのは，社会学のやるべきことではありません。

　しかも現代は，「愛の承認」「法の承認」「連帯の承認」といった承認が見えにくい社会になっているのではないでしょうか？　現代では，「自分の夢」「自分の理想」を素直に信じることもかなわなくなっている側面があるのかもしれません。Mr. Children というバンドも「HANABI」という曲で，そのことを歌っているように思います。

　　一体どんな理想を描いたらいい？

　　どんな希望を抱き進んだらいい？
　　答えようもないその問いかけは
　　日常に葬られてく

　でも人は，他者からの承認を得て，自分の「夢」「理想」を大事にしたいと思う部分が常にあります。だからこそ，逆に，誰かから「承認」を得た記憶をたどるような「物語」がうけたりもするのではないでしょうか？　『プロフェッショナル――挑戦者たち』『情熱大陸』などは，その典型だと思います。スガシカオが歌う「Progress」は，『プロフェッショナル――挑戦者たち』のテーマ曲ですが，こんな歌詞です。

　　世界中にあふれているため息と
　　君とぼくの甘酸っぱい挫折に捧ぐ
　　"あと一歩だけ，前に　進もう"

　それは，まさに承認が見えにくい社会の中でも，なんとかとして自分の「夢」「理想」を大事にしたいと願う人びとの応援歌になっているように思います。
　でも，どうして「承認」が見えにくくなっているのでしょうか？　それには，いろいろな要因があると考えられます。ただ，「連帯の承認」に限って考えてみれば，会社の中で一生懸命に働き，業績も上げているのに，そのことが正当に評価してもらえなくなる――それは，どうも仕事の内容が変化してきていることと無関係ではないようです。現代社会における仕事の内容が，なかなか他者からの承認を得られにくいものとなっていることがあるのではないでしょうか？

3　感情労働化する仕事

　では現代社会において，仕事の内容はどのようなものに変化しているのでしょうか？　アメリカ合衆国の社会学者アーリー・ホックシールドは，『管理さ

れた心──感情が商品になるとき』において，現代社会における労働を「感情労働」と特徴づけています。「感情労働」とは，相手（例えば客）の感情を優先させ自分の感情を抑制（コントロール）することが重要となる労働をいいます。

「肉体労働」は，大工さんのように自分の身体を使って行う仕事ですね。「頭脳労働」は，プログラマのように自分の知識を使って行う仕事です。これに対しホックシールドは，現代社会では「感情労働」が最も重要視されるようになっていると主張します。嫌なことがあって，たとえ笑いたくない時でも，顧客が楽しめるようにニコニコ笑う。それが仕事の局面では現代，最も求められるのだと彼女は言います。

現代では，大工さんであろうと，プログラマであろうと，感情労働が求められるようになっています。大工さんだって，家を無言で建てれば良いわけではありません。施主さんにコミュニケーションをとりながら，にこやかに，どんな家を建てたいと思っているのか打ち合わせしていかないといけません。

こうした感情労働が非常に強く求められているのが，観光関連産業ですね。観光関連産業は，旅行業・宿泊業・飲食業・運輸業・観光施設業をはじめ多岐にわたる業種によって成り立っています。旅行業には旅行代理店などが，宿泊業にはホテル業や旅館業などが，運輸業には鉄道会社・航空会社・バス会社・タクシー会社などが，観光施設業にはテーマパーク業や遊園地業などが位置づけられます（図表7-1）。このような業種はかつてサービス業と考えられていましたが，現在ではホスピタリティ産業といわれるに至っています。

したがって，こういった感情労働は，例えばディズニーランドにおいても濃厚にみることができるでしょう。これについて**アラン・ブライマン**は，『ディズニー化する社会──文化・消費・労働とグローバリゼーション』の中で「パフォーマティブ労働」という概念を提示し，ディズニーランドの労働の特徴を論じています（ブライマンの議論については，第11章でも紹介します）。

ディズニーランドのスタッフたちは，そこで働いている時は，決して日常世界を思い起こさせるような「労働」を感じさせないようにしています。スタッ

図表7-1　観光関連産業の具体的な業種

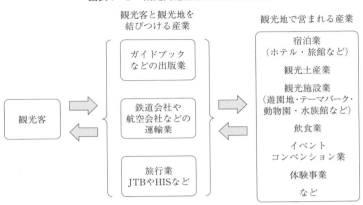

出典：筆者作成。

フたちは「夢の国」「ファンタジーの世界」にふさわしく，いつも笑顔で仕事をするのです。

　アトラクションに乗ろうと訪問客が並んでいる時にも，「こんにちは！　楽しんでいますか？」とスタッフが楽しげに語りかけてきますが，それもまるでテーマパーク内のショー・パフォーマンスの一部であるかのようです。ディズニーランドのスタッフたちが，「配役」を意味する「キャスト」と呼ばれているのは，そのためなのです。彼らは，魔法の国の舞台でパフォーマンスをする配役の一人なのです。「パフォーマティブ労働」とは，このように，まるでショー・パフォーマンスのように楽しげに行われる仕事のあり方を意味しています。

　ディズニーリゾートでは，「ファン・カストーディアル」と呼ばれる，清掃従業員の格好をしたエンターテイナーが掃除するふりをしながら，コミカルな仕草をしてゲストを笑わせたりしますが，これも清掃という労働をまるで一つのパフォーマンスのように見せる工夫です。ブライマンが挙げる「パフォーマティブ労働」は，まさに「感情労働」の極限形態の一つともいえ，自らの感情

を徹底的にコントロールし，労働をまったく感じさせないようにした労働なのです。だからこそディズニーランドを訪れる観光客たちは，スタッフたちの労働をみて「楽しそうだな」と感じるのです。

4　労働を越える労働の下で

　このように，観光では，労働をまったく感じさせないようにした労働が行われています。労働でありながら，仕事をしている人間が感情をコントロールし，まるで娯楽の中で本当に楽しんでいるかのように仕事をするのです。それは娯楽的な色彩を帯びた労働であり，まさに「労働を越える労働」とも呼ぶべきものです。

　こうした労働は，「労働／娯楽」「生産／消費」の関係性の問い直しを迫るものだといえるでしょう。これまで労働と娯楽，生産と消費は，相互に明確に区別し得る社会的カテゴリーだとされてきました。しかし観光においては，労働と娯楽，生産と消費の関係性は異なった様相を呈するのです。

　ただし，観光において労働が娯楽的な色彩を帯びることで楽しげに行われる場合があるのは，その労働が本当に楽しいものであるからなのではありません。そうではなく観光において娯楽のように（観光客から見て）楽しげに仕事をするのは，労働の目的を徹底的に貫徹させるため必要だからなのです。感情をコントロールすることで，初めてホスピタリティ産業は「そこを訪れたい」という観光客の欲望をかきたて，彼らを惹きつけることができるようになり，企業間競争に打ち勝つことができるのです。観光において「労働は娯楽や消費という享楽の倫理の下で貫徹される」のです。観光の現場では，労働のあり方が娯楽や消費を軸に構成されているのです。

　では，仕事が感情労働化したら，どうして，一生懸命に働き，業績も挙げたことさえ正当に評価されにくくなるのでしょうか？

　顧客の感情に左右されるからです。自分がいくら精一杯，楽しくしてもらお

うとにこやかに仕事をして満足いく結果になったと思ったとしても，顧客がそう思わない場合もあります。顧客がクレイマー体質の人であれば，どのような結果になったとしても満足しないと言ってきかないでしょう。そうなった場合，いくら自分が頑張ったと思ったとしても，報われない結果に終わってしまいます。

　肉体労働だけで仕事が成り立つのであれば，そうではありません。きっちりと良い家を建てることができれば，それでよいのです。頭脳労働だってそうです。プログラムとしてすぐれたものを作成できればよいわけです。しかし，そこに感情労働が入ってきた場合には，そういうわけにはいかなくなります。大工さんの目からみて，きっちりと良い家を建てることができたとしても，顧客が満足して微笑んでくれない限り，その仕事は評価されず，承認が得られないことになるのです。

　つまり，ここでも，他者の出方によって自分の仕事の結果が変わるという，コミュニケーションの不確実性が濃厚に影を落とすようになってきたというわけです。相手もそうです。相手が勤めている所へ私たちが顧客で行けば，感情労働する側とされる側の立場は逆転します。現代社会においては「もてなす」側と「もてなされる」側というのは，固定した関係にないのです。「もてなす＝もてなされる」の関係性は，常に流動的です。

　他者の出方によって自分の仕事の結果が変わり，自分の出方によって相手の仕事の結果が変わる。どちらも，その結果を自分で制御できない。それを社会学では，「ダブル・コンティンジェンシー（double contingency：二重の不安定さ）」と言っていましたね。感情労働によって，仕事における承認のあり方がダブル・コンティンジェントなコミュニケーションへとますます巻き込まれ，不確実になるというわけです。

5　フォーディズムからポスト・フォーディズムへ

　このような労働のあり方が拡がってきたのは，フォーディズム的な生産様式

が主流である社会から，ポスト・フォーディズム的な生産様式が主流である社会へと移行したことと関係しています。近代以降，重化学工業が発展するとともに，規格化され標準化された製品を大量に生産する生産様式が主流となりました。このような生産様式は，かつてのフォード自動車会社に典型的に見られたことから「フォーディズム」と呼ばれています。

　でも，消費社会が成熟していくとともに，消費者の様々な欲望に応えられるよう多品種少量生産を効率的に行える生産様式が，「フォーディズム」に代わって求められるようになります。それは次第に，ホスピタリティ産業をはじめとする第三次産業にも拡がっていき，「ポスト・フォーディズム」と呼ばれるようになりました。

　それぞれの特徴を分かりやすいように，表でまとめてみましょう。こんな感じです（図表7-2）。

　ポスト・フォーディズム的な生産様式が拡大していく1970年代後半から，イギリスのマーガレット・サッチャー元首相が推進した新自由主義的政策に代表されるように，教育や福祉など公共部門の民営化といった「社会サービスの私企業化（プライヴァタイゼーション）」，及びそのための規制緩和が導入され，既存の制度にとらわれないフレキシビリティ（柔軟性）が求められるようになっていきます。そうして初めて，企業は利潤を挙げ生き残りに成功できるようになるのです。

　日本でも，イギリスのサッチャー政権から少し後の1980年代，中曽根康弘が内閣総理大臣だった時に，日本専売公社（現：JT），日本国有鉄道（現：JR）および日本電信電話公社（現：NTT）の三公社を民営化させるなど，新自由主義的政策を推進するようになりました。そして小泉純一郎が内閣総理大臣の時に，竹中平蔵という経済学者を国務大臣に据え，郵政事業を民営化したり，国立大学を法人化したりするなど，既存の制度にとらわれないフレキシビリティ（柔軟性）を追求した「聖域なき構造改革」が展開されていくのです。

　ちなみに，サッチャーが自分を批判する人たちによく投げつけたのが，「批

図表 7 - 2　フォーディズムとポスト・フォーディズム

フォーディズム	ポスト・フォーディズム
生産主義	消費主義
生産側に合わせる	お客様第一
大量生産	多品種少量生産
画一化	柔軟さ
マニュアル化	臨機応変さ
規格化された仕事	適応力（空気を読める力）
雇用の安定	雇用の不安定化

出典：筆者作成。

判するなら対案を出せ」という言葉です（この言い回しを，「TINA: There Is No Alternative」と言います）。この言葉は，それ以降，新自由主義的な政策を打ち出す政治家の間で，何度も繰り返し用いられることになります。今でも，一部の政治家が答弁でよく言っていたりしますね。これって，一瞬納得してしまいそうになる賢そうな言葉にみえるのですが，実は，サッチャーたちから繰り返し使われている，すりきれたフレーズに過ぎないのです。

　さて，地理学者デヴィッド・ハーヴェイは『ポストモダニティの条件』の中で，フレキシビリティ（柔軟性）を追求した規制緩和や構造改革によって企業が生き残っていこうとするやり方を「フレキシブルな蓄積体制」と呼んでいます。その中で労働は大きく変質をとげていったのです。「お客様第一主義」を掲げ，感情労働が求められていくのです。だからこそ，観光関連産業においても，「ホスピタリティ」という用語が用いられるようになり，顧客の情緒的満足感が過度に強調されていくのです。

　同時に，ポスト・フォーディズムの時代には，雇用形態も多様で柔軟なかたちが求められるようになります。その結果，パートタイマーや派遣労働者などの，非正規労働者の増加することになります。そうなると不況とともに，働く機会がどんどん失われるという悪循環が生じるようになります。

6 AI は感情労働的コミュニケーションの夢を見るか？

　さらに現在，こうした感情労働的な仕事において，AI が積極的に導入されるようになっています。例えば，いくつかの企業では，観光施設向け「多言語AI チャットボット」が開発されています。観光客は，スマートフォン・アプリにおいて話しかけたり，文字を打ち込んだりしながら AI とコミュニケーションを行うようになっています。

　そうすることでホテルがこのシステムを導入している場合には，観光客はチャットボット（自動会話プログラム）を通じて，チェックインとチェックアウト時間，ホテルまでのアクセス情報，部屋内のネット環境，アメニティの内容等のホテル情報を得たり，宿泊を予約したり，モーニングコールを設定したり，宿泊している部屋の清掃を依頼したりできます。

　しかも，それは24時間休みなく，日本語だけではなく英語・中国語・韓国語等の多言語にも対応できるものとなっています。航空会社でも，こうしたシステムを導入している場合には，観光客はスマートフォンを用い AI と会話をしながら航空チケットを予約できたり，チケットの変更ができたりします。まさにホスピタリティ産業のスタッフが行うべき業務（の一部）を，AI が代替して行ってくれるようになっています。

　他にも，AI が，観光客の感想・評価を蓄積したデータベースからユーザの興味・関心に合わせた観光を提案するシステムもあります。さらには AI を搭載したヒューマノイドロボットが多言語で道案内をしてくれる観光施設，それらロボットが相席して会話に応じてくれるだけでなく占いやミニゲームで遊べたり（時には踊ってくれたり）するカフェもあったりします。

　でも，ホスピタリティ産業が感情労働を求められている領域だというならば，AI が行っていることもやはり感情労働的コミュニケーションなのだといってよいのでしょうか？　「多言語 AI チャットボット」を用いて，うまく予約が

できて，「ありがとう」と AI に話しかけている観光客のすがたを思い描いて
みましょう。

　その観光客が口にしている言葉「ありがとう」は，情緒的満足感をともなっ
た感謝を伝える「会話」なのでしょうか？　それとも機械を前にしてつぶやか
れた，単なる「独り言」に過ぎないものなのでしょうか？　このことを問う時，
AI がもたらすコミュニケーションとは，どういった局面のコミュニケーショ
ンなのかを真剣に考えはじめねばならなくなっているように思います。

　それもまた感情労働的コミュニケーションなのだとすれば，では私たちは，
そうした社会の果てで一体，どのような承認を得て，何を希望として語ること
ができるのでしょうか？　現代社会に生きる私たちは，このことを，じっくり
と考えていく必要があるように思います。

参考文献

ハーヴェイ，デヴィッド（1999）『ポストモダニティの条件』青木書店。
ホックシールド，アーリー（2000）『管理された心——感情が商品になるとき』世界思
　想社。
ホネット，アクセル（2014）『承認をめぐる闘争——社会的コンフリクトの道徳的文法
　増補版』法政大学出版局。
ブライマン，アラン（2008）『ディズニー化する社会——文化・消費・労働とグローバ
　リゼーション』明石書店。

第8章　行　　為──僕たちは自由に行為できるのか？

　私たちはいろいろな行為をしながら生きています。いま，こ
の本を読まれているのも一つの行為ですね。そうした自分たち
の行為の意味やわけを，私たちは自分が一番よく知っていると
思っています。でも，そうではないとしたらどうでしょう？
本章では，行為の不思議について掘り下げていきたいと思います。

1 行為の社会学

　第5章では，「ジェンダー」について社会学の視点から考えてみましたね。昔ほどではなくなったかもしれませんが，ジェンダーの作用は，網の目のように，社会の至る所にはりめぐらされています。社会学者である私においても，決して，その例外ではありません。

　また個人的な思い出話をさせて下さい（笑）。まだパートナーと結婚する前でお付き合いしていた頃のことです。まだまだ彼女の前で，「いい格好」をしたいと思っていた時です（今は完璧に素の自分を見せまくっていますが）。神戸でデートをしていて，歩くのに疲れてきたので，少し休もうと2人で喫茶店に入りました。そこには，とても美味しそうなケーキがたくさん並んでいました。

　実は，私は甘いものが無茶苦茶好きで，「おー，すげえ。いっぱいある。イチゴのショートケーキおいしそう」と思っていたのですが，その時ふと隣の彼女を意識しはじめました。「甘いものをばくばく食べる男性って，女性から見たら格好悪く見えるのではないか」「これで引かれて振られたら，どうしよう」と，変なことを考えはじめたのです。

　そんなことばかり考えていて，店員さんがやってきてオーダーを聞かれた時に，「あ。ぼくは，コーヒー。ブラックで（主観の中でキマッたと思いました）」と，自分でも訳の分からない選択をしてしまったのです。

　今なら考えられません。いまは逆に，ケーキをパートナーの前でばくばく食べ過ぎて，「健康に悪いからそれ以上は禁止！」と，取り上げられている始末です。あの時，私は，どうして「コーヒー。ブラックで」と自分でもわけの分からない選択をしてしまったのでしょうか？（いつまで，その時にケーキを食べられなかったことを悔やんどんねん）

　それは，自分の中で勝手に，男性はコーヒーをブラックで飲むくらいが格好いいんだという，ジェンダーのバイアス（価値観の偏り）を自分自身にかけて

しまったからです。

　学部・大学院とずっと社会学を勉強してきたのに，です。

　あの時，コーヒーをブラックで注文したという私の行為は，私が選んだもの
でした（だから，いつまで言うとんねん）。その行為は，確かに自分自身が選
択したことなのです。でも，その行為ははたして自由だったといえるのでしょ
うか？　もしかしたら，網の目のようにはりめぐらされた社会的なジェンダー
の作用に絡みとられた行為だとしたら，どうなのでしょう？

　ということで，本章のテーマは「行為」です。

2　囚人のジレンマ・ゲーム

　ここで，ゲームをしましょう（いきなり，かい！）。ご家族とでも，友だちと
でもかまいません。近くにいる人とやってみて下さい。

　そのゲームは，「囚人のジレンマ・ゲーム」というものです。これは，ゲー
ム理論というもののうちの一つです。ゲーム理論というのは，社会現象などを
数学的なモデルを用いて研究する学問のことです。社会学だけでなく，経済
学・経営学・政治学などでも用いられています。

　ゲームのルールはこうです。

　　いろいろな罪を犯して逮捕された共犯者2人が，別々の部屋で尋問を受けていま
　す。2人は，なかなか自白しません。業を煮やした警察は取り引きをもちかけます。
　こんな取り引きです。

　　刑事は言います。「もし君が自白し，相手が自白しない場合，自白した君は懲役
　1年で勘弁してやろう。だが自白しない相手は懲役15年だ。逆もそうだ。もし相手
　が自白し，君が自白しない場合，自白した相手は1年で勘弁してやるが，君は懲役
　15年にしてしまうぞ。2人そろって自白しないで黙秘する場合は，分からない罪も
　あるから懲役2年だ。2人そろって自白した場合は，懲役10年だ」と。

図表 8-1　囚人のジレンマ・ゲーム

2人とも黙秘（ぐー）		あなたが自白（ぱー） 相手は黙秘（ぐー）	
あなた 懲役2年	相　手 懲役2年	あなた 懲役1年	相　手 懲役15年
あなたが黙秘（ぐー） 相手は自白（ぱー）		2人とも自白（ぱー）	
あなた 懲役15年	相　手 懲役1年	あなた 懲役10年	相　手 懲役10年

出典：筆者作成。

表にすると，図表8-1の通りです。

近くの人と実際ゲームをする場合，黙秘を選択するのは，「ぐっ」と黙っているということで，「ぐー」を出して下さい。自白を選択するのなら，秘密を全部「ぱー」とさらけだすということで，「ぱー」を出すことにしましょう。ご家族の方とでも，お友だちとでも良いですから，2人ペアになって，やってみましょう。

ここで大事な約束があります。それは，「ご自分の利益を最優先に考えて，合理的な行為を選択して下さい」ということです。さあ，いきますよ！

「ぐー」と「ぱー」で，じゃんけん，ぽい!!!

ゲームの結果は，どうなりましたか？　相手の人に裏切られ自白されてしまったのに，自分は黙秘したという人はいますか？　逆に相手は黙秘していてくれたのに，自分は裏切って自白したという人はいますか？　相手も自分も黙秘したという人は？　相手も自分も自白して裏切り合ったという人？

これで相手がどんな出方をするのか，よーく，分かりましたか？

こうくるわけね，と分かりましたよね（笑）。それをふまえたかたちで，もう一度，やりましょう。

　さあ，いきますよ！　「ぐー」と「ぱー」で，じゃんけん，ぽい!!!

　どうですか？　「ご自分の利益を最優先に考えて，合理的な行為を選択して下さい」と最初にお伝えしましたよね。

　利益を最優先に，合理的な行為を選択して頂けたでしょうか？　相手が「黙秘」を選んだ場合，自分にとって最も利益になるのは，どういう行為でしょう？　その時は，自分の懲役は，「黙秘」で2年か，「自白」で1年ですね。だから「自白」を選んで1年の懲役になる方が利益になります。

　相手が「自白」を選んだ場合はどうでしょう？　その時に，自分にとって最も利益になるのは？　その時，自分の懲役は「黙秘」で15年か，「自白」で10年ですね。だから，やっぱり「自白」を選んで10年の懲役になる方が利益になるわけです。

　つまり相手が「黙秘」を選ぼうが，「自白」を選ぼうが，自分にとって最も利益のある合理的な行為は，相手を裏切って「自白」するという行為なのです。それは，相手も同じですね。すると，自分も相手も「自白」ということになって，お互いが10年の懲役になりますね。

　あれ？？？

　自分と相手との懲役の年数を足してみて下さい。一番，懲役の年数が多くなっていませんか？

　そうなのです。

　こうした状況の中では，自分の利益を最優先に考え，合理的な行為を選択すればするほど，全体として考えると，最も不利益で非合理的な行為を選択することになってしまうのです。いやいや，そういう状況に設定したのは，お前じゃないのか。そういう方もおられるかと思います。——正解です。

　でも，私たちは，何らかの状況設定の中で生きざるを得ません。自分も相手を理解しているか分からない，相手も自分のことを理解してくれているか分からない，そんな二重の不安定さ（これを「ダブル・コンティンジェンシー」と言い

マルクス　　　　　ブルデュー

ましたね）の中で，もしかすると，囚人の
ジレンマ状況みたいな状況が生まれる場合
もあるでしょう。

　そうした時，私たちは，自分の利益を最
優先に考え，合理的な行為を選択すればす
るほど，全体としては，真逆の，最も不利

益な，非合理的な行為を選択することになるのではないでしょうか？　とする
と，私たちの行為は，はたして，本当に自由だといえるのでしょうか？　ドイ
ツの思想家カール・マルクスは，『ルイ・ボナパルトのブリュメール18日』と
いう本の中で，人びとが歴史を創るのは，自分たちに与えられた状況の中でし
かないと言っていますが，行為もそうです。

　階層の状況も，私たちの行為に影響を及ぼし，行為を変えてしまうものだと
いえます。

　これについては，ピエール・ブルデューというフランスの社会学者が書いた
『ディスタンクシオン』という本で詳しく論じられています。ブルデューによ
れば，私たちが，どの音楽を好きで聴くのかという行為も，どの階層で生まれ
たのかという状況によって変わるのだと言います。

　ブルデューは，『ディスタンクシオン』という本の中で，「平均律クラヴィー
ア曲集」「ラプソディー・イン・ブルー」「美しき青きドナウ」という3つの曲
の中で，「どれが好きでよく聴くか？」と尋ね，それと階層との関係について
調べました。その結果は，図表8-2のようになりました。

　比較的豊かな階層の人は「平均律クラヴィーア曲集」，中くらいの階層の人
は「ラプソディー・イン・ブルー」，あまり豊かではない階層の人は「美しき
青きドナウ」が多いということを，ブルデューは調査で明らかにしたのです。
私たちは当たり前のように，どの音楽を聴くのかということくらい，自分の好
みで，自由に聴いているのだと思っています。確かにそれはそうなのですが，
でも，その自由な行為そのものが，実は，階層に影響を受けているのではない

図表 8-2　職層別に見た 3 つの音楽作品の選好

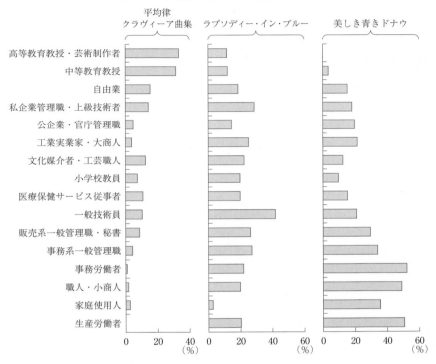

出典：ブルデュー（1990：28）。

かとブルデューは考えたというわけです。

　私たちの行為が，他者との不安定なコミュニケーションの中で築かれていく
状況をふまえて実現されるものである限り，その行為は，100％，私たちの自
由だというわけではないのです。「どうして，あんな行為をしたのか？」——
もしかすると，私たちは，その行為の訳を，自分自身が一番知っていないのか
もしれません。

　私たちは知らず知らずのうちに，生まれた時代の状況や，ジェンダーの状況
や，階層の状況など，いろいろな状況の積み重ねの中で，何らかの行為をしな

デュルケーム

がら生きざるを得ないし，そうした状況から影響を受けざる
を得ないのです。

3　人はなぜ自殺することがあるのか？

　　　　　　　　自殺という行為だって，そうなのです。自殺という行為は，
人が，最後の最後に選択する行為の一つでしょう。そうした行為にはしるわけ
くらい，自分が一番よく分かっているはずだと思っているかもしれません。で
も，そうではないとしたら？　もしかすると，その人が気づいてもいない，あ
る状況が関係しているとしたら？

　そんなことを考えたフランスの社会学者がいます。20世紀初め頃に社会学が
学問としての地位を確立させていった時，社会学の世界をリードした一人です。
その人の名前を，**エミール・デュルケーム**といいます。彼は，『自殺論』（タイ
トルだけで，びびりますよね。私も大学に入って初めてタイトルを聞いた時は，「なん
ちゅうタイトルやねん」と思いました）という本で，そんなことを考えました。

　人は遺書の中で，いろいろな理由を言います。「失業して経済的に追いつめ
られたから」「家庭に悩み事が絶えないから」「病気で身体的につらいから」
「精神的な病になってつらいから」……。でも，自殺という行為は，本当にそ
ういう理由で起こっているのかと，デュルケームは考えます。そうして，いろ
いろな統計データをとっていくのです。

　まず彼は宗教と自殺率との関係について調べていきます。はたして，どうい
う結果になったでしょうか？　すると，ユダヤ教や，同じキリスト教でもカト
リックと比べて，プロテスタントを信仰する人たちの自殺率が圧倒的に高いこ
とが分かってきました（図表 8 - 3 ）。

　デュルケームは，このデータに注目して考えます。なぜ，そうなのか？

　カトリックは教会で神父さまを中心に，信徒たちが一緒に集まることを大切
にしますが，プロテスタントはそうではありません。教会で結束するのではな

図表8-3　各宗教信者100万人あたりの国別自殺者数

	観察期間	プロテスタント	カトリック	ユダヤ教
オーストリア	1852-59	79.5	51.3	20.7
プロイセン	1849-55	159.9	49.6	46.4
	1869-72	187	69	96
	1890	240	100	100
バーデン	1852-62	139	117	87
	1870-74	171	136.7	124
	1878-88	242	170	210
バイエルン	1844-56	135.4	49.1	105.9
	1884-91	224	94	193
ヴュルテンベルク	1846-60	113.5	77.9	65.6
	1873-76	190	120	60
	1881-90	170	119	142

出典：デュルケーム（2018：175）。

く，個人個人が神を誠実に信仰しようと成立してきた宗派です。

　つまり，ポイントは個人主義なのです。デュルケームは，この「個人主義」が自殺の原因になっているのではないかと考えたのです。

　彼は，念のため，家族がいるか／いないかで，自殺率に違いが出るかを調べてみます。すると，家族がいない人の方が，自殺率が高くなっていたのです。

　人は，なぜ自殺という行為を選択するのか？　——それは，支えてくれる人がいなくなるからだ。デュルケームは，支えてくれる人もおらず，人を孤独においやるような社会状況こそが，現代社会の大きな問題なのであって，そうした社会状況との関わりの中で，自殺という行為は考えられるべきなのだと言います。

　そして，そうした社会状況を変えていくこと，それが，次に彼をかりたてていきます。デュルケームの『社会学講義』という本では，そんなことも論じられています。それはともかくとして，いろいろなわけを遺書で書いてたりするけれど，実は，その最後の最後の行為のわけさえも，私たちは自分で気づかないでいるのかもしれませんね。

4 行為の不思議さ

　私たちは，「なぜ，そうした行為を行っているのかという行為のわけをよく知っている」と思っていますし，「それが，どういう結果を導くのかも自分たちで選びとれるものだ」とも思っています。

　でも，ここまで見てきたように，どうもそう単純ではないようです。行為は不思議さに満ち溢れています。シソンヌじろうによる「一見，悪徳に見えて……」というコント・シリーズのように，一見，自分自身が悪い行為だと思っているのに，実はむちゃくちゃ良いことをしてしまっている場合だってありますよね。結構好きなコントなので，ぜひ見てみて下さい。

　コントでいえば，我が家というお笑いグループに，「田舎の銀行に強盗」というコントがあって，これも「行為の不思議さ」に気づかせてくれます。

　ネタのあらすじは，こうです。

　田舎の銀行に強盗が入ります。でもその強盗を，みんなは，「いのしし」が迷い込んだと思います。おじさんも「いのしし」かと思ってライフルを向けます。でも，実は，おじさんは強盗をつかまえるためにライフルを向けていたのでした。と，思ったら，やはり「いのしし」だとみんな思って，警察に電話をかけるのではなく，市役所に「いのしし」駆除を頼むというものです。これも，「ライフルを向ける」という自分の行為の動機・わけさえも，本当は自分で分かっていないのではないかという気になるようなコントです。

　こうした「行為の不思議さ」について考えた社会学者は，他にもたくさんいます。マックス・ヴェーバーというドイツの社会学者も，そうです。

　彼は20世紀初め頃，エミール・デュルケームとほぼ同時代に生きて，やはり社会学の世界をリードした人物です。彼は『プロテスタンティズムの倫理と資

本主義の精神』というタイトルの本（タイトル長すぎるので，社会学者は「プロ倫」と略すことがあります）で，「行為の不思議さ」を論じています。

ヴェーバー

　先程のデュルケームの所でお伝えしたように，キリスト教のプロテスタンティズムは，個人個人が神さまを誠実に信仰しようと成立してきた宗派です。神さまに恥ずかしくないように，「清く，正しく，美しく」日々，行為することが大事だとされます。

　ぜいたくなど，とんでもない。清貧という言葉が似合う宗派です。だから一生懸命に働く。すると，どうなるでしょうか？　お金がどんどんたまっていったのです。すると結果的に，そのお金を元手にして，人びとが豊かな暮らしをして，ぜいたくに生きることのできる資本主義が生まれてくるのです。

　つまり，こういうことです。

　プロテスタントの人びとが神さまに恥じないように，お金なんかどうでもいいんだ，一生懸命に働くのだと，「清く・正しく・美しく」，清貧な暮らしを実践し，そのように行為すればするほど，彼らの中から，人々にぜいたくを許す豊かさを生み出すような資本主義が生み出されたというわけです。

5　行為のアイロニー（皮肉）

　行為のアイロニー（皮肉）が，ここでは論じられているといえます。人がある動機や，ある意図で行為すればするほど，その動機や意図から外れ，時には真逆の，思ってもみなかった結果を生じさせてしまう。そんなことを，アメリカの社会学者ロバート・マートンは，「意図せざる結果」と呼んでいます。

　マートンの用語に，「予言の自己成就」という言葉があります。例えば，こうです（実際にあった話です）。

　健全な経営状況の銀行がありました。みんなは喜んで，そこに貯金をしてい

マートン

ました。ある時に，「あの銀行はつぶれそうだ」という，根も葉もない噂がたちます。そうすると，みんなは，自分の財産を守ろうと，貯金を下ろすという行為に出たのです。その結果，銀行は本当につぶれてしまい，自分の財産も戻ってこなくなってしまいました。

　最初は，たんに噂に過ぎなかったのに，その噂にひきずられて，みんなが行為すればするほど，その噂が本当になってしまう。これが，「予言の自己成就」です。その中で，自分の財産を守ろうとして，貯金を下ろすという行為をみんながすればするほど，その動機や意図は裏切られていって，銀行がつぶれて財産もなくなるという，真逆の結果を引き起こしていくわけです。

　ですから，「予言の自己成就」も「意図せざる結果」の一例といえるでしょう。こう考えるなら，行為というやつは，本当に複雑なものだといえますね。

　確かに，行為の動機やわけを自覚していて，どんな結果になるのかも分かっているという場合も，時にはあるでしょう。そういう行為は，とても「合理的な行為」だと考えられますね。

　マックス・ヴェーバーは，この「合理的な行為」には2つあると言っています。「目的合理的行為」と「価値合理的行為」です。

　「目的合理的行為」とは，どういうものでしょうか？　分かりやすくいえば，きちんと，損得も含めて，いろいろなことを計算に入れた上で行われる行為です。「こいつ嫌な奴やなあ」と思っても，相手が自分にとって利用価値があるなら，ニコっと笑う。そうすることで相手も実際に気を許して近づいてくる。そういう行為を，ヴェーバーは「目的合理的行為」というのです。私たちは，そういうことをする瞬間が誰にでもあると思います。

　では「価値合理的行為」とは，どういうものでしょうか？　それは，自分が理想とすることや信じることを実現するために行われる行為です。損得勘定からすれば，たとえ割に合わなくても，自分が大事に思うことを「あえて」分か

った上で貫くという行為のことです。こう言うとすごく高邁に聞こえますが，誰にでも，こういう行為に駆り立てられる瞬間はあるでしょう。

　私にもあります（笑）。結婚式を1週間後くらいに控えていた時のことです。夜ふみきりで待っていたら，急に，隣のおじさんに対して若いヤンキー風の方々がいちゃもんをつけはじめて，ボコボコに殴りはじめました。「うわー，まじかー」と思ったのですが，そのままだともう死んでしまうくらいに殴られはじめたので，ついつい，「なあ，もうやめたれや」と言ってしまったのです。すると，「なんじゃ，お前」と，私がボコボコに殴られました。終わった時，「おっちゃん怪我ないか？」とふりむいたら，もういませんでした（笑）。結婚式に少し目をはらしていたので，パートナーには，こっぴどく怒られました。その時の私の行為が「価値合理的行為」の一つです。

　私はケンカも強くないですし，どういう結果になるのか，ある程度予想もついていました。しかも，これは決して私の得になることではないとも思っていました。でも，ボコボコに殴られている人を見たら，とりあえずは自分の理想としては助けてあげたいということで行われた行為なのです。あ，いまは家族のために，逃げます（おい。笑）。

　でも「目的合理的行為」にしても，「価値合理的行為」にしても，自分の行為の動機やわけを知っていて，かつ，どんな結果になるのかも予測できている合理的な行為なんて，実は，ほんの少ししかない。結局，私たちは，何らかの社会状況の制約の中で，動機やわけも分からず，意図しない結果も出てくるような行為をしていることの方が多いのではないか。ヴェーバーは，そんなことを考えたようです。行為の多くは，感情に流されたりする「感情的行為」であったり，これまでの状況に流されたりする「伝統的行為」というものだと言っています。

　だからこそ，プロテスタントの人びとが，神さまに恥じないように「清く・正しく・美しく」生きるのだと，いくら「価値合理的行為」に沿っているように振る舞おうと，そうすればするほど，人びとのぜいたくを許すような資本主

フロム

義を生み出すという，「価値合理的行為」を裏切っていくような別の結果を生み出してしまうこともあるのです。そのことで「合理的な行為」も合理的ではなくなり，「非合理的な行為」だと思っていたことが合理的になってしまうみたいなことも出てきます。

　　　　　まさに「囚人のジレンマ」状況ですね。

　だから人は，時に自由を求めてあがけばあがくほど，自由から遠ざかっていくこともあるのではないでしょうか？　エーリッヒ・フロムというドイツの思想家は，『自由からの逃走』という本の中で，「なぜナチスのユダヤ人虐殺が起こったのか？」「なぜ，私たちは自由を手放してしまったのか」を考えています。

　その本の中でフロムは，こう言います。人びとは大きな自由を手に入れようと懸命に努力して，自由な社会を手に入れた。その行為によって，すべてが自由，すべてが自己責任の社会となった。その結果，手に入れた自由は，あまりにも重すぎるものとなって人びとにのしかかってきた。そうした時，人びとは，自分たちを縛り命令してくれて，自分たちとしては何も考えなくても良いという独裁者を望みはじめた。自由を手に入れようとあがけばあがくほど，その先に私たちが見出したのは「自由からの逃走」なのだ，と。

6　自由でないことを越えるために

　以上のように，私たちは，自発的に行為をするとしても，その行為は，もしかすると自由ではないのかもしれません。それは，ジェンダーや階層や，様々な社会状況の制約の下で，自発的だと言いながら，知らず知らずのうちに選択している行為なのかもしれないのです。では，私たちは，結局，社会状況の操り人形に過ぎないのでしょうか？

　決して，そうではありません。

　ピーター・バーガーというアメリカ合衆国の社会学者が，『社会学への招待』

という本の中で，次のように述べています。それを紹介して，本章を終えたいと思います。こんな言葉です。

　「われわれは，社会の中に自己を位置づけ，こうして社会の巧妙な糸に吊るされながらわれわれ自身の位置を認識する。一瞬われわれは人形としてのわれわれ自身を実際に見る。しかしわれわれは人形芝居とわれわれ自身のドラマとの間の決定的相違を把握する。人形たちと違って，われわれには自分たちの動作をやめて自分たちを動かしてきたからくりを見上げ認識するという可能性が残されているのである。この行為にこそ自由への第一歩があるのだ。そして，この同じ行為のうちに，われわれはヒューマニスティックな学問としての社会学の最後決定的な正当化を見いだすのである。」（バーガー　1989：258）

バーガー

　そうなのです。私たちは，社会状況から逃れることなどできない。誰もが，ジェンダーのバイアス・階層のバイアス等のいろいろなバイアスに制約されながら生きている。

　確かに，それは，社会の「操り人形」のようです。でも，そうしたからくりをみつめ，どうすれば変えていけるのかは考えることができる，そんな風にバーガーは呼びかけるのです。

　私たちは自由に行為できないかもしれないが，社会の仕組みを「脱常識」的に認識し，そこから「別の仕方で」生きる可能性を模索する力を宿しているのだ，と彼は言います。私は高校生の時に経済学部を志望していたのですが，どこもかしこも合格を勝ち取るのは，経済学部ではなく，すべりどめであった社会学部ばかりでした。

　もういいやと社会学部への進学を決意したのですが，でも，1年生の時の私は，まったくやる気のない学生でした。とりあえず卒業して，広告代理店とか

そういうところに就職できればいいやと思っていました。そんな時に，この本のこの言葉と出会い，「社会学って，おもしろいなあ」と思うようになり，社会学にのめりこむようになりました。

　1年生の時に経済学部に行けず，やる気を失っていた私は，『社会学への招待』という書籍を，ふとした気まぐれで手にとって読むことになります。その本を「読む」という行為が，一体，どんな結果に実を結んでいくことになるのか，私にはよく分かっていなかったわけです。

　行為は，本当に不思議で，時に怖くて，時に面白いものですね。

参考文献

アクセルロッド，ロバート（1998）『つきあい方の科学——バクテリアから国際関係まで』ミネルヴァ書房。
デュルケーム，エミール（2018）『自殺論』中央公論新社。
ヴェーバー，マックス（1972）『社会学の根本概念』岩波書店。
ヴェーバー，マックス（1989）『プロテスタンティズムの倫理と資本主義の精神』岩波書店。
バーガー，ピーター（1989）『社会学への招待』思索社。
ブルデュー，ピエール（1990）『ディスタンクシオン(I)(II)』藤原書店。
マルクス，カール（2008）『ルイ・ボナパルトのブリュメール18日［初版］』平凡社。
フロム，エーリッヒ（1952）『自由からの逃走』創元社。
マートン，ロバート（1961）『社会理論と社会構造』みすず書房。

第9章　メディアと視聴者──私たちはテレビドラマをどう見ているのか?

　　前章では，私たちの行為の不思議さについて，お話しました
ね。行為は，ジェンダー・階層（ブルデューの議論を思い出し
て下さい）・社会関係（こちらはデュルケームの議論を思い出し
て下さい）……，これらをはじめ，いろいろな社会状況に制約
されながら行われますし，感情にも大きく左右されたりします。
　　メディアも，私たちの行為に大きく影響を与えるのではない
でしょうか?　そこで本章では，私たちは，メディアとどのよ
うに接しているのかを考えてみたいと思います。その際，特に
テレビドラマを事例に，視聴者である私たちが，それらをどん
な風に見ているのかを考えてみましょう。

1 視聴者分析

　社会学では，早い時期から，視聴者がラジオ，映画，テレビといったメディアから，私たちがどのような影響を受けているのかという研究が行われてきました。例えばドイツでは，ラジオや映画をプロパガンダ（思想・主義の宣伝）の道具として用い，人びとを一定の方向へ誘導することが研究され，第2次世界大戦中にナチズムによって利用されたりしました。

（1）効果モデル

　また1940年代頃になると，アメリカ合衆国では，メディアの影響力について特に注目した研究が行われるようになります。1938年10月3日，ラジオ局CBSから，オーソン・ウェールズという俳優が，『宇宙戦争』というラジオドラマで迫真の演技で，火星人来襲を告げる放送をしたところ，本当に火星人が来襲してきたと多くの人びとがパニックに陥ったことがあります。

　ハドリー・キャントリルという社会心理学者は，この事件を分析し，『火星からの侵入』という本を書いています。私たちの行為に，メディアが色濃く影を落とすことを指摘した本としていまも重要な本だといえるでしょう。

　でも火星人が攻めてきたと放送したことを，そのまま信じてしまうなんて，何かのどかな感じがしますね。確かにそうなのですが，メディアがつくりだす噂によって右往左往するのは，現代でもみられる現象なのではないでしょうか？　WEB上でも日常的に多くのデマが出回っていて，人びとが，それらから強く影響を受けてしまったという事例は，今回の新型コロナウイルス感染症（COVID-19）の感染拡大状況下でも，たくさん見受けられたと思います。

　キャントリルの研究では，視聴者である人びとがメディアの発信するメッセージや内容にそのまま影響され，それらをただ受動的に受け入れてしまうと，考えられています。

　こうした考え方を，メディア社会学では，「効果モデル」といいます。この
モデルでは，メディアが一方的に人びとに何らかのメッセージをまるで注射器
のように注入し影響を与えているかのように述べられているため，別名「皮下
注射モデル」とも呼ばれています。

　私にも覚えがあります。小学生の時，私は，『仮面ライダー』という番組が
大好きでした。将来の夢は，「仮面ライダーになること」でした（かなり真剣で
した）。

　ある時，番組を見ていると，仮面ライダーが「私もいつも努力してるんだ。
みんなも，がんばるんだぞ！」と言っていました。「なるほど，いま仮面ライ
ダーになれないのは，努力が足らないからなんだ」と思って，友だちを誘って
仮面ライダーになる練習を始めたのです。

　どんな練習かというと，ちょっと小高いところに登って，そこから「とお
っ！」と飛ぶというものでした。来る日も来る日も続けていたのですが，なか
なか仮面ライダーになりません。とうとう友だちは「遠ちゃん（小学校時代の
あだ名です），もう，おれ，嫌や」と言い始めました。仕方がないので1人で練
習を続けていたら，「危険なことをしている子どもがいる」と，近所の大人の
人たちが見つけました。私はこっぴどく叱られ，練習は終わりを告げました
（笑）。

　確かに，あの時の私の行為は，『仮面ライダー』にそのまま影響を受けたも
のでした。ライダーキックで友だちを泣かせ，終わりの会でみんなの前で謝っ
た時もそうです（終わりの会では，いろいろなことで，よく謝りました）。こうした
行為は，まさに，メディアの「効果モデル」で説明できるものでしょう。

（2）コミュニケーションの2段階の流れモデル

　でも，人びとは本当に，テレビなどメディアの影響をただただ受動的に，受
け入れているだけなのでしょうか？

　こうした疑問を抱いて，ポール・ラザースフェルドという社会心理学者たち

は研究を行いはじめました。その成果が1948年に『ピープルズ・チョイス』という本にまとめられています。

　ラザースフェルドはこの本の中で、投票行動を例として、メディアが人びとにどれほどの影響をもたらすのかを分析しました。分析の結果、ラザースフェルドは、メディアは直接に人びとに働きかけ影響を与えるのではないと結論づけます。そうではなく、オピニオン・リーダーの存在こそが大事だというのです。

　分かりやすくいうと、今でいうインフルエンサーみたいな存在を介して、私たちはメディアから影響されているのだと考えます。彼は、「メディア→オピニオン・リーダー（インフルエンサー）→視聴者」という、2段階の流れを通して、メディアが人びとに影響を与えていると主張します。

　彼のこの考え方は、「コミュニケーションの2段階の流れモデル」と呼ばれています。乃木坂46というグループが「インフルエンサー」という曲でも歌っていますが、オピニオン・リーダーやインフルエンサーによって影響されるのは、ありそうですね。

（3）利用と満足モデル

　さらにラザースフェルドは共同研究者たちと、メディアがまったく意図していなかったかたちで、視聴者がメディアを利用し、満足を得ていることも突きとめました。

　例えば私たちは、テレビを見ることで緊張をほぐすこともあるでしょうし（気晴らし）、自分の生き方を再確認することもあるでしょうし（自己確認）、あるいは同じ番組を見ることで会話をはずませ人間関係を維持することもあるでしょう（社会関係の統合）。

　そんな風にメディアを様々な形で利用し、そこから多様な満足を得ているとする「利用と満足モデル」も提示します。以上のようにメディア社会学では、メディアと視聴者の関係について考えを深めていくのです。

2　メディアに関するカルチュラル・スタディーズ

　その中で大きな進展がありました。**スチュアート・ホール**という人が行った議論がそれです。スチュアート・ホールはジャマイカで生まれ，イギリスのオックスフォード大学で博士号を取得後，1968年から1979年にかけてバーミンガム大学現代文化研究センターのセンター長に就任し，**カルチュラル・スタディーズ**という研究の流れをリードした人物です。

ホール
出典：https://commons.
wikimedia.org

　彼は，メディアのコンテンツを視聴者が受け取る際には，次の大きく３つのパターンが考えられると主張します。

　　①　「優先的な見方」
　　②　「対抗的な見方」
　　③　「交渉的な見方」

　「優先的な見方」とは，メッセージの送り手が提示するままの読みをただ受動的に受け入れるものです。「効果モデル」による視聴者はこれに相当するものだといえるでしょう。「対抗的な見方」とは，それとは逆に，送り手であるメディアが提示するメッセージにことごとく反対する受け取り方です。そして「交渉的な見方」とは，大枠としてメディアのメッセージを受容しつつも，個々の具体的な状況においてはメディアをうまく利用しつつメッセージに微細な変化を加え，自分なりの受け取り方を形成していくというものです。

　そういわれても，何か抽象的な感じがして，この３つの見方について，まだよく分かりませんよね。そこで何か事例を通して，考えていくことにしましょう。

　以下では，『花より男子』という番組を取り上げたいと思います。この番組は，集英社が発行する少女漫画雑誌『マーガレット』で1992年から2004年まで

連載された，神尾葉子原作の少女漫画をテレビドラマ化したもので，2005年に
TBS系で放映され大ヒットを記録したものです。

　主人公・牧野つくし役を演じたのは井上真央，道明寺司役を演じたのはアイ
ドルグループ嵐のメンバー松本潤です。また花沢類役を小栗旬，西門総二郎役
を松田翔太，美作あきら役を阿部力が演じています。この第1シリーズはとて
も主題歌とともに人気を博したのですが，9話で短かったこともありました。
その時の主題歌は，嵐の「WISH」です。

　続編を望む声が多く，2007年に『花より男子2（リターンズ）』が放映されて
います。この時の配役もほぼ同じ顔ぶれです。その後2008年には，やはりこれ
もほぼ同じ配役の下で，東宝において『花より男子F（ファイナル）』として映
画化されたりもしています。

　あらすじは，こんな感じです。

　　　一般庶民の牧野つくしは，お金持ちや名門の子弟が通う英徳学園高校に入学して
　しまう。
　　　この学園を支配しているのは，「F4（Flower4：花の4人組）」と呼ばれる生徒た
　ちであった。F4のメンバーは，道明寺財閥の御曹司である道明寺司，彼の親友で
　花沢物産の御曹司である花沢類，茶道の家元の跡取り息子である西門総二郎，裏社
　会のボスの後継者である美作あきらである。
　　　ある事件がきっかけで，牧野つくしは道明寺司を殴り飛ばしてしまうが，道明寺
　は生まれて初めて出会うタイプのつくしに惹かれていく。花沢類もまたつくしを好
　きになるが，つくしの心は道明寺に傾いていく。

　ちなみに『花より男子』は人気があって，このテレビドラマ・シリーズと映
画の前にも1993年にCDブックが発売されたりしています。その時に花沢類の
声を担当していたのは木村拓哉です。

　また，1995年に映画化されたりしています。その時に牧野つくし役は内田有
紀，道明寺司役は谷原章介，花沢類役は藤木直人です。道明寺のイメージが壊

れるかもしれません（笑）。

　さらに，2018年4月17日から6月26日までには，TBSテレビ系で『花のち晴れ』というテレビドラマも放映されています。F4のメンバーたちが卒業してから2年後の英徳学園が舞台です。今度はコレクト5というグループです。そのリーダー神楽木晴（平野紫耀）と，元社長令嬢で現在は庶民の江戸川音（杉咲花）を中心にしたラブコメです。その時の主題歌は，King & Prince の「シンデレラガール」ですね。

　この『花より男子』というテレビドラマで，①「優先的な見方」，②「対抗的な見方」，③「交渉的な見方」という3つの見方を考えてみましょう。

　もし皆さんが『花より男子』を見た時に，「道明寺，すごくカッコイイなあ。これから，おれのこと道明寺と呼んでくれ」「私も牧野になりたい」と思うのなら，それはここで言う「優先的な見方」をしていることになります。そうした見方において視聴者は，テレビドラマのメッセージを素直に，そのまま受け取るのです。

　では「対抗的な見方」とは，どういうものでしょうか？　「対抗的な見方」とは，メディアが提示するメッセージにことごとく反対して，ツッコミを入れまくる見方です。例えば，牧野つくしが道明寺司を殴り飛ばしてしまうシーンがありますが，「よけれるやろ，あれくらい」とかツッコミばかり入れて見るという見方です。

　私がこのドラマを見始めたのは，パートナーに一緒に見るように勧められた（ほぼ命令された）からですが，最初は，ツッコんでばかりいました。「よけろや」とか，花沢類がバイオリンをひいているシーンでは，「道端でバイオリンひいてて，急に，そのバイオリンを，通りがかった小さい女の子にあげるよって言うたら，親がとんでくるで」とか，いろいろと言っていたのです。その時，私は，「対抗的な見方」をしていたことになります。

　他にもツッコミどころが，たくさんありました。最初のシリーズで最終回に，牧野が道明寺の乗っているジェット機を追いかけるというシーンも，私は，

「なに，追いついとんねん」「そもそも，滑走路走ったら，危険行為やろ」と言っていたのですが，次第に，パートナーがうるさそうに睨み始めたので，黙って見始めることにしました。

　すると，ツッコミどころとしてはたくさんあるけれど，それなりに自分で楽しんで見るようになったのです。ツッコミつつも楽しんで見るという「交渉的な見方」をするようになったわけです。私たちは，ただただメディアのコンテンツを素直にそのまま受け取る場合や，コンテンツにツッコミを入れてばかりいる場合もあります。でも基本的にはメディアのコンテンツを，こうして「交渉的な見方」で見ることが多いのではないでしょうか？

3　新たな疑問へ

　ただスチュアート・ホールの教えを受けた研究者で，デビッド・モーレイという人は，このことから新しい疑問を抱くようになります。こんな疑問です。

　では，交渉的な見方は，ジェンダーや階層や年齢などに影響されるのでしょうか？

　それでモーレイは，『「ネーションワイド」オーディエンス』という本を書き上げます。『ネーションワイド』とはイギリスの放送局 BBC が放送するテレビ報道番組です。

　モーレイは職業・階級・性別・人種なども考慮に入れながら，5〜10人程度のメンバーからなる20以上のグループを設定して，「ネーションワイド」のビデオテープを見てもらい，それぞれ30分程度の集団インタビューを行います。その結果，視聴者は概ね「交渉的な読解」を行っていることが見てとれました。

　でも「交渉的な見方」を形成する上で，階級・職業・性別・人種といった「社会的なポジション」があまり関係ないといったことが分かってきました。では，何がポイントだったのか？　──それは，どのような人間関係・力関係の下で，そのコンテンツに接しているのか？　こうしたことがポイントだった

のです。

　私の事例を思い出して下さい（笑）。

　私は一緒に，『花より男子』をパートナーと見ていました。その中でその番組にツッコミを入れまくっていたら，チッと舌打ちされ睨まれたので，黙ったのです。そして，彼女が「ここが良いよねえ」と言うのを聞くうちに「なるほど，確かになあ」と思い始めたのでした。モーレイは，それがポイントなのだというわけです。

　「交渉的な見方」を導き出してくる上でポイントなのは，階級・職業・性別・人種といった「社会的ポジション」ではなく，そのコンテンツにどのような人間関係・社会関係の下で接しているかです。そのことを，モーレイは，「言説的ポジション」と難しく言います。

　なるほどなあ，と思いますよね。でも，まだまだ疑問も残ります。

　「じゃあ，1人で，その番組を見る時って，どうなるわけ？」など，いろいろ，どうなんだろうと思うようなことが出てきますよね。その通りで，これだけで，「交渉的な見方」が形づくられるわけではなさそうです。社会学でも，これ以降も，「交渉的な見方」をめぐり，多様な研究が行われるようになります。

　イエン・アングによる『ウォッチング・ダラス——ソープ・オペラとメロドラマ的想像力』という本も，その一つです。

　『ダラス』とは，1980年代に世界的に大ヒットし，90カ国以上で見られていたアメリカ合衆国のテレビドラマの名前です。アングは，オランダの女性向けの雑誌である『ヴィヴァ（Viva）』に，「どなたか，なぜあなたが『ダラス』が好きな理由，嫌いな理由を私に教えて頂けませんか」という広告を載せました。返事の手紙は42通あり，ほとんどが女性で，男性は3通でした。アングはこれをデータとして，分析を行ったのでした。

　その結果，『ダラス』を見るのが好きな人も，嫌いな人も，どちらでもない人も，この番組が「くだらない」ものと捉えていることが分かりました。ただ『ダラス』を好きな人は「このドラマの内容がくだらない」としながら，「でも

……」と手紙を続けていました。これにアングは注目します。

　そのことから，『ダラス』を見るのが好きな人は単純に番組を賛美するなど「支配的な見方」を行っているのではなく，自分なりの見方を形成し「交渉的な見方」を行っていること，その際には世間の価値観やまわりの人たちの見方を意識していることを突きとめていったのです。

　さらにアングは，視聴者が「交渉的な見方」の下でテレビドラマを見る場合，次の3つのリアリズムが働いていることを指摘しました。

　　①　「経験主義的リアリズム」
　　②　「古典的リアリズム」
　　③　「感情的リアリズム」

　この3つのリアリズムとは何でしょうか？
　「経験主義的リアリズム」とは，テレビドラマなどの番組が現実の世界（の雰囲気）をうまく表現できていることによって形成されるリアリズムを意味します。「古典的なリアリズム」とは，効果音をつけたり，ナレーションをかぶせたりするなど，古典的ともいえるような様々な映像技法によってウソっぽさをうまく隠すことによって形成されるリアリズムです。「感情的リアリズム」とは，テレビドラマにおける人物，集団，理想へと想像的に（心の中で）自分を投影し，同一化することによって形成されるリアリズムです。

　以上3つのリアリズムを，『花より男子』を例にして考えてみましょう。
　『花より男子』では，高校らしい雰囲気を演出するために，実際の校舎を借りてロケをしたり，机や椅子などを教室風にうまく配置していたりしています。これによって，視聴者は，ある程度ドラマにリアリティを感じることができるようになっているのです。これが「経験主義的リアリズム」です。
　では「古典的リアリズム」については，どうでしょうか？　『花より男子』では，クライマックスシーンになると音楽が効果的に挿入されたり，シーンを

うまく編集しつなげるなど，様々な映像技法によって，視聴者がドラマを見ている間だけはウソっぽさを感じないよう工夫されています。それが，「古典的リアリズム」です。

　でも，それ以上に，『花より男子』においてなくてはならないものは，「感情的リアリズム」なのです。道明寺司が恵比寿ガーデンパレスの時計台近くで雨の中，雨宿りをすることなく，牧野つくしを待ち続けるシーンや，花沢類が公園でバイオリンをひいているシーンなどは，よく考えると実際には「ありえない」ものばかりです。にもかかわらず，そうしたシーンが「十分にありえる」ものだと感じているのは，感情的に何となく納得できるからなのです。それが，「感情的リアリズム」です。

　この「感情的リアリズム」があるからこそ，私たち視聴者は，テレビドラマなどのメディア・コンテンツを受けとめ，「交渉的な見方」を形成していくことができるのだといえるでしょう。第 1 章で事例に挙げた『恋はつづくよどこまでも』でも，この「感情的リアリズム」を抜きにして見ることはできません。「恋愛ばかりして，いつ患者さんを治療しとんねん」と疑問に思ったとしても，でも登場人物たちに自分を投影しながら見る「感情的リアリズム」がどこかではたらいているからこそ，私たちは，「そんな病院嫌だ」とは思わずにドラマを見ることができるのです。

　フジテレビ系で2012年 7 月 9 日から 9 月17日まで放映された『リッチマン，プアウーマン』というテレビドラマでも，こうした「感情的リアリズム」が，あちらこちらで働くようになっていました。あらすじは，こうです。

　　　日向徹（小栗旬）は若くしてベンチャー IT 企業「NEXT INNOVATION」を率いる社長である。天才と評されるが，母に捨てられた心の傷を密かに抱えている。ある日，彼は自社の会社説明会で，東大生ながら内定ゼロの夏井真琴（石原さとみ）と出会う。

日向徹というキャラクターを創作する上で，一部，モデルとされたのが，アップル社を創業したスティーブ・ジョブズです。天才の名前をほしいままにしつつも人生を疾走していった彼も，生みの親に捨てられたという悩みを抱え続けていたのでした。

　このドラマの最終回に空港で2人がキスをするというシーンがありますが，よく考えれば，少し迷惑な話です（笑）。別にキスするのは構わないと思うのですが，できれば，どこか別の場所でして頂きたいものです。でも，この番組を見ている時は，「おお，ロマンチックやなあ」と思うようなシーンになっています。

　空港が現実に使われ（経験主義的リアリズム），光が射し込み音楽が重なる（古典的リアリズム）だけではなく，感情的に私たちがその場面に没入していけるようになっているのです（感情的リアリズム）。

4　「メディア内存在」の私たち

　私たちは，言葉・言語を抜きに思考することもできませんし，その意味では，自分が生きる世界がどういう世界なのかを認識することもできません。哲学者のマルティン・ハイデガーの「世界内存在」という言葉を借りると，私たちは，「言語内存在」なのかもしれません。

ハイデガー
出典：https://medium.com
/science-and-philoso
phy/heideggerian-
anxiety-as-a-means-
of-exiting-the-syste
m-1e4b06a71010

　ただ，もう少しいえば，メディアのない現代社会など考えられなくなっているのだとすれば，私たちはもはや，「メディア内存在」にもなっているのかもしれません。でも，「メディア内存在」であるとはいっても，ただただ受動的にメディアからの情報をそのまま受け取る存在であるというわけではありません。一方，いつもメディアの情報・コンテンツに逆らい続けるのも，あまり得策でないようです。

　私たちは，メディア内存在であり続けつつも（だからこそ，

メディアに振り回されてしまうことが誰にでもありつつも），そのメディアの情報・コンテンツを「交渉的な見方」で，自分なりに利用し，楽しむことのできる，したたかな存在なのではないでしょうか？　皆さんは，どう思われますか？

参考文献

キャントリル，ハドリー（2017）『火星からの侵略——パニックの心理学的研究』金剛出版。

ハイデガー，マルティン（2013）『存在と時間(1)〜(4)』岩波書店。

ラザースフェルド，ポール他（1987）『ピープルズ・チョイス——アメリカ人と大統領選挙』芦書房。

Ang, Ien (1989) *Watching Dallas: Soap Opera and the Melodramatic Imagination*, London: Routledge.

Hall, Stuart (1980) Encoding/decoding. *Culture, Media, Language: Working Papers in Cultural Studies, 1972-79*. London: Routledge, pp. 128-138.

Morley, David (1992) *Television, Audiences and Cultural Studies*, London: Routledge.

第10章　文　　　化──虚構と実在が同期化するアイドル

　前章では，社会学の視点からメディアについて考えてみました。特にテレビドラマに焦点を合わせながら，視聴者である私たちはメディアと無関係に生きることはできないということを指摘しました。その意味で，私たちは，「メディア内存在」なのです。でも他方，視聴者である私たちは，メディアの言うがまま，なすがままというわけではないことも考えました。

　本章では，前章で取り上げたメディアと非常に関係の深い社会現象について考えてみたいと思います。それは，文化という現象です。特に現代の文化現象──ポピュラーカルチャー──について考えていくことにしましょう。私は観光社会学を専門にしていますが，ポピュラーカルチャーの社会学にもずっと携わってきました。そのため観光社会学の本以外にも，『現代文化論──社会理論で読み解くポップカルチャー』という本も書いています。

　また，ポケモン GO などのゲームについても『ポケモン GO からの問い──拡張されるリアリティ』という本を編集しています。ただポピュラーカルチャーと一口に言っても，無茶苦茶幅広いですよね。映画・音楽・アニメ・マンガ・ゲーム・小説・ファッション……。それらすべてを，本章だけでお話することはできませんので，今日はアイドル文化というポピュラーカルチャーに焦点を合わせて講義を進めていくことにします。

1　文化産業としてのアイドル文化

アドルノ

　まず，アイドル文化が産業として成立していることを確認しましょう。この文化は，いろいろな産業や企業の複合体から成り立っています。アイドルが所属する芸能プロダクション，CDや音楽配信を行う音楽業界はもちろん，テレビなどのメディア業界，クライエントの依頼でアイドルを用いて広告を制作している広告代理店，そのクライエント・スポンサーになっている企業群……。

　この文化は，多額の金が動く一大巨大産業となっているのです。しかし，そのことはアイドル文化に限ったことではありません。映画も音楽もアニメもマンガも，様々な文化現象は，文化独自の論理だけ動いているわけでは決してなく，産業の論理の中へ呑みこまれながら動いているのです。

　「文化産業論」は，現代の私たちが，当たり前すぎて気がつかないでいる，この点にメスを入れていこうとする視点です。それは，**テオドール・アドルノ**が**マックス・ホルクハイマー**とともに著した『啓蒙の弁証法』で展開されました。

　アドルノはドイツの哲学者・社会学者・思想家で，フランクフルト大学社会研究所所長であったホルクハイマーとともに**フランクフルト学派**をリードした人物です。今もずっと，フランクフルト大学社会研究所は残っています（図表10-1）。私も，フランクフルトに行った時に真っ先に訪れました。社会学者なので，「おお！　ここか！」と無茶苦茶テンションが上がりました。

　この研究所で多くの哲学者・思想家・社会学者たちが，輩出されてきました。彼らは，フランクフルト学派といわれています。ホルクハイマーやアドルノ，『自由からの逃走』を書いたフロムは，フランクフルト学派第1世代です。この後の世代・第2世代には，第3章で述べたハーバーマスがいます。さらに第3世代としてはアクセル・ホネットという人がいて，現在第4世代の人たちと

ともに活躍し続けています。

　ちなみにフランクフルトは，文豪
ゲーテもいた美しいドイツの街です。
観光地としても面白い街ですので，
いつか行ってみて下さい。アイドル
の話に戻りますと，確かに一大産業
として，多くの企業・産業の複合体
の利害・思惑が絡み合っていること
を抜きに，アイドル文化を考えるこ
とは不可能です。

図表10-1　フランクフルト大学社会研究所

出典：筆者撮影（2017.5.17）。

　この点で「文化産業論」の視点は，
とても重要ですね。でもアイドル文化が「文化産業」だと指摘するだけでは，
その文化の多様な重要な側面がみえないままとなるのではないでしょうか。そ
こで，第2節ではもう少し詳しく，アイドルの歴史を確認し，そこから，文化
と社会と結びつきについて考えていくことにしましょう。

2　アイドルの歴史

　ところで，アイドルとは英語で「idol」と書きます。「idol」の意味は，「偶
像」「聖像」を意味する宗教的な言葉ですね。こうした宗教的な言葉であった
「アイドル」という言葉が，日本において若い人気芸能人を指し示すようにな
っていくのは，1970年頃のことです。それ以前も芸能人に対して「アイドル」
と呼ぶこともありましたが，あまり一般的に用いられてはいませんでした。

　1970年代頃から，アイドルは様々な変遷をたどります。第5章「ジェンダ
ー」でもお伝えしたように，アイドルもやはり，「女性アイドル」「男性アイド
ル」と分けるのが，はたして妥当なのか，実はよくよく議論する必要がありま
す。とはいえ，いまは便宜的にのみ分けて話を進めることにしましょう。

そうすると「女性アイドル」の歴史からみていく方が，アイドル文化の特徴をつかみやすいと思われます。「男性アイドル」は，ジャニーズ事務所に所属するタレントたちによって，その多くの部分が担われてきたところがあるので，変化が見えにくい部分があるのです（これについては，後でも触れたいと思います）。

　ということで「女性アイドル」の歴史から見ていくと，1970年代頃は，アイドルという言葉が一般的に用いられるようになった時で，「アイドル黎明期」「アイドル確立期」ともいえる時代です。

　その後，1980年代頃から，とてもたくさんのアイドルたちが，多様な産業・企業群の利害が渦巻くメディアであるテレビの力を背景にしながら登場してきます。これが，「アイドル成熟期」です。

　しかし1990年代頃から，テレビはそこまで大きな力を発揮するメディアではなくなっていきます。その頃，アイドルも新たなあり方への転換をはかろうとする時代，「アイドル転換期」に入ります。

　この転換期を経て，2000年代頃から，アイドルは新たなあり方を見つけはじめていきます。それを「アイドル復興期」と呼ぶことにしましょう。そして今，2010年代以降のアイドルは，「アイドル新時代」に突入しているといえるでしょう。

　整理すると，こんな感じです（図表10-2）。

　以上の「女性アイドル」の歴史に対して，「男性アイドル」の場合は，先程も話したように，ジャニーズ事務所に所属するタレントたちによって，その多くの部分が担われてきたところがあります。そのためもあって，「模索期」や「復興期」といった区分は，そこまで明瞭にできるわけではないように思います（図表10-3）。

　とは言っても，1970年代頃の「黎明期」「確立期」を経て，テレビの力を背景に文化としての「成熟期」を迎え，その後，新たなあり方へと向かっていくといった点は共通しているようです。

図表10-2　女性アイドルの歴史

1970年代（アイドル黎明期，確立期）：
　南沙織，キャンディーズ，ピンクレディー，アグネス・チャン，浅田美代子，山口百恵，桜田淳子，森昌子……
1980年代（アイドル成熟期）：
　松田聖子，中森明菜，松本伊代，早見優，堀ちえみ，小泉今日子，菊池桃子，西村知美，おにゃんこクラブ……
1990年代（アイドル転換期）：
　Wink，安室奈美恵，SPEED……
2000年代以降（アイドル復興期）：
　モーニング娘。，AKB48，ももいろクローバーZ……
2010年代以降（アイドル新時代）：
　乃木坂46，欅坂46，日向坂46……

出典：筆者作成。

図表10-3　男性アイドルの歴史

1970年代（アイドル黎明期，確立期）：
　新御三家（郷ひろみ，西城秀樹，野口五郎），フォーリーブス
1980年代（アイドル成熟期）：
　たのきんトリオ（田原俊彦・近藤真彦・野村義男），シブがき隊，光GENJI，少年隊
1990年代（アイドル転換期）：
　SMAP，KinKi Kids，TOKIO，V6
2000年代（アイドル復興期）：
　嵐，NEWS，関ジャニ∞，KAT-TUN，Hey! Say! JUMP，Kis-My-Ft2
2010年代以降（アイドル新時代）：
　Sexy Zone，King & Prince，なにわ男子，SixTONES

出典：筆者作成。

3　見田宗介による時代区分からみたアイドル

　以上見てきた，「アイドル黎明期」「アイドル確立期」→「アイドル成熟期」→「アイドル転換期」→「アイドル復興期」→「アイドル新時代」へのアイドル文化の変遷ですが，これらは実は，社会・時代のあり方と密接に関わっています。そのことを，社会学者である見田宗介の議論を参照しながら考えてみましょう。

見田宗介は，これまで多くの社会学者に影響を与えてきました。私も，影響された一人です。彼は『社会学入門』において，日本が戦後からたどってきた時代を３つに区分しています。その際，「現実」という言葉の反対語として，社会の中でどのような言葉に価値が置かれていたのかということに注目します。そして彼は，戦後日本社会を以下の３つの時代に区分します。

　　① 　理想の時代（1945〜1960年頃）
　　② 　夢の時代（1960〜1970年前半頃）
　　③ 　虚構の時代（1970年後半〜1995年頃）

また彼は，こんな風に言います。

　「『現実』という言葉は，三つの反対語をもっています。『理想と現実』，『夢と現実』，『虚構と現実』というふうに。日本の現代社会史の三つの時期の，時代の心性の基調色を大づかみに特徴づけてみると，ちょうどこの『現実』の三つの反対語によって，それぞれの時代の特質を定着することができると思います。
　第一に，一九四五年から六〇年頃までの，「理想」の時代。人びとが〈理想〉に生きようとした時代。第二に，一九六〇年から七〇年前半までの，夢の時代。人びとが〈夢〉に生きようとした時代。そして第三に，一九七〇年代の後半からの，虚構の時代。人びとが〈虚構〉に生きようとした時代。」（見田 2006：70-71）

（1）「夢の時代」のアイドル

　最初に，「理想の時代」とは，どんな時代だったのでしょうか！
　1945年，日本は敗戦を迎えます。この頃，日本は焼け跡からの復興を目指して，アメリカン・デモクラシーやソビエト・コミュニズムの「理想」に導かれ，

新しい日本の建設へと向かおうとします。現実の日本は，焼け跡がそこかしこに残っていましたが，「理想」という言葉に社会的な価値がおかれた時代でした。

そして日本は，「高度経済成長」へ至ることになります。

特に東京タワーの建設（1958年），東京オリンピックの開催（1964年），大阪万博の開催（1970年）は特需を日本にもたらしたばかりではなく，時代の特質を明確にする象徴的な意味も与えるものでした。第6章で取り上げた映画『ALWAYS 三丁目の夕日』（2005年公開）でも，そのことがノスタルジックに描写されていました。この映画では，次第に完成していく東京タワーに投影するかのように，これから豊かになっていくことに対する「夢」を主人公たちは繰り返し語っていました。

現実はまだ豊かではないが，社会的には「夢」という言葉に価値がおかれた時代です。アイドルは，まさに，こうした時代の中で，大衆の夢をすくいあげ象徴するものとして成立してきたのです。

（2）「虚構の時代」のアイドル

でも，日本を「豊かな社会」にした高度経済成長も，1970年代半ばには終わりを迎えます。結局，人びとが「夢の時代」において，一生懸命働いて，高度経済成長もなしとげたわけですが，では日本が豊かになったのかというと，確かに物質的には豊かになったかもしれませんが，心はどこか満たされないものが残りました。

この頃から，調査においても，「物の豊かさ」を求める人の％と「心の豊かさ」を求める人の％が逆転しはじめることが見てとれます（図表10-4）。1980年代頃から，現実としては，心の中に満たされないものを抱えつつ，人びとは，その満たされないものを，テレビなどのメディアが提供してくれる虚構の楽しさで埋めていくようになっていきます。社会は，「虚構」という言葉に大きな価値をおくようになっていくのです。それが「虚構の時代」です。コラムニストの中森明夫が『漫画ブリッコ』のコラムにおいて，アニメの世界に浸る人び

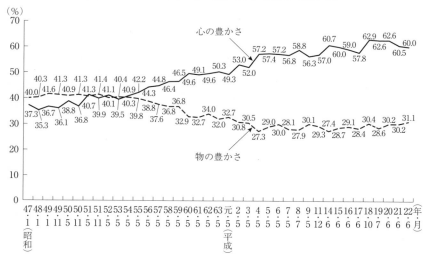

図表10-4　これからは心の豊かさか，まだ物の豊かさか

注：心の豊かさ→「物質的にある程度豊かになったので，これからは心の豊かさやゆとりのある生活をすることに重きをおきたい」
　　物の豊かさ→「まだまだ物質的な面で生活を豊かにすることに重きをおきたい」
出典：https://survey.gov-online.go.jp/h22/h22-life/z37.html

とを指して「おたく」という言葉を初めて用いたのも，この頃（1983年）のことです。

　社会システムそのものも，実体のあるリアルな「モノ」ではなく，キレイで記号的演出がほどこされた「広告」や「情報」を軸に，再編成されていくようになります。経済においても，根拠をもった実体経済ではなく，実体のない投機に支えられた，フィクショナル（虚構的）な好況感の浮遊するバブル経済が幕を開けていきます。そして「虚構の時代」をリードする，テレビなどのメディアの力を背景に，アイドル文化も「成熟期」に向かっていくのです。

（3）「虚構の時代の果て」のアイドル

　しかし1990年代頃から，メディアのあり方にも次第に変化が訪れます。

　テレビを中心としたメディアの力が弱まり，ウェブを中心としたメディアへと移行しつつある時代へとなっていくのです。ただ当時は，ウェブを中心としたメディアもまだそこまで大きな力を持っていない時代でした。そのためアイドルたちも，テレビを中心とした自分たちの表現のあり方を変えるべく転換をはかるようになっていきます。その時代を，見田宗介の教えを受けた**大澤真幸**という社会学者は，「虚構の時代の果て」と名づけています。

（4）「不可能性の時代」のアイドル

　では「虚構の時代の果て」の次の，2000年代以降，日本の社会は，どのような時代になっていったのでしょうか。その頃，私たちが生きる社会では，人・モノ・資本・情報・イメージなどが世界中を動きまわるグローバルな社会となります。

　その中で貧富の格差が拡大し，テロ事件や感染症の拡大など，様々なリスクも社会をおそうようになります。そして，近代社会がこれまで築き上げてきた社会秩序や，人と人の絆が失われていき，価値観が大きく揺らぎ始めるようになっていきます。

　ドイツの社会学者ジーグムント・バウマンは，このことを，社会の「液状化」と表現しています。今まで確かなものだと信じて疑わなかった，社会秩序や絆がグラグラと揺れ動くようになった社会。——それはまるで，地震で液状化してしまっている大地のようであり，その中で一人ひとりの大切な人生も，まるで「使い捨て」のように捨てられることさえあると，彼は言います（バウマンはそれを「廃棄された生」と呼びます）。

　人と人の絆が「液状化」する中で失われていく。その時，それに代わって新たなかたちで絆を提供してくれるものを，人びとは求めるようになります。

　現実は「液状化」した社会に生きているけれど，それに対して，自分たちの絆をつなぎとめ，一人ひとりを大切に扱おうとするコミュニケーションを人は求めるようになっていくのです。

確かな絆や秩序。人と人が分かり合える直接的なコミュニケーション。——実はそれは，もはや手に入れることのできないものです。いえ，これまでも誰も，手に入れてなどいなかったのかもしれません。

　でも人は，そういう手に入れることのできない「不可能なもの」を求め続け，そういうものに社会は価値をおくようになります。その時代を大澤真幸は，「不可能性の時代」と呼んでいます。

　アイドル文化は模索期を経て，確かな絆や秩序や，人と人が分かり合えるコミュニケーションを，代わりに人びとにもたらすものとして，新たによみがえってきたのではないでしょうか？　「推し」「会いに行けるアイドル」といった言葉に，そのことが端的に表現されているといえるでしょう。

　そのコミュニケーションは，もしかすると幻想的なものかもしれません。でも人によると，そうした幻想的なコミュニケーションこそが現実のコミュニケーションにも勝る場合があるのです。ジャニーズ・ファンによるコミュニティもそうでしょう。

　彼らファンたちは，「ファンネーム」「身内」「相方」などの用語を通して，コミュニティをかたちづくっています。その一方で同担拒否・新規無理・オリキ・ヤラカシなどの用語を通して，コミュニティのルールを細分化しています。それらは，以前に濃厚に社会にあった人と人の絆に代替する部分もあります。その意味で，ジャニーズ・ファンのコミュニティ研究は，社会学の重要な研究テーマだといえるでしょう。

　ちなみに，それぞれのグループのファンネームは，こんな感じです。

　　関ジャニ∞：Eighter
　　嵐：あらしっく
　　NEWS: NEWS嬢
　　KAT-TUN：ハイフン，など

　こうしたファンネームを用いることでも，ファンたちは結束（絆）を固めているのです。是非，どなたか卒論で（大学院の修論や博論でもいけます），ジャニーズ・ファンのコミュニティ研究やってみて下さい。

（5）「虚構＝現実の時代」のアイドル

　そして時代は，さらに進んでいきます。

　2010年代以降の時代。それは「虚構」と「実在」が同期化（シンクロ）する時代だといえるでしょう。

　例えば，初音ミクをはじめとして，ウェブ上のクラウドにおいて成立したキャラが，多くの人びとを惹きつけるに至り，アイドル化していくようになります。批評家・村上裕一は，この現象を「ゴースト化」と呼んでいます。

　村上は，その著『ゴーストの条件――クラウドを巡礼する想像力』の中で，こんな風に言っています。

　　　「ネットワークとキャラクターが結びついた結果生まれたのが，自立的
　　　で複数的な集合無意識としてのゴーストである。ネットワークにおいてキ
　　　ャラクターはまさしく実在しており，しかも人間以上のカリスマとして
　　　人々を惹きつけ編成する。」（村上 2011：13）

　コンピュータによって合成された音声によって様々な楽曲を歌う，美少女アニメキャラクターのボーカロイド・アイドルである初音ミクは，まさに虚構のゴーストのアイドルとして，実在するアイドル以上の影響力を持つこともあるのです。虚構のアイドルであるはずの初音ミクのコンサートが実在のかたちで行われることもあります。それが，「ミクパ」と言われるイベントです。

　彼女はどこにも存在していない「虚構の」存在であり，そのコンサートにおいては美少女アニメの動画が投影され，その動画が歌っているかのように合成された音声が流されるに過ぎません。にもかかわらず，初音ミクのコンサー

ト・イベントにおいては，非常に多くの彼女のファンたちが，歌っているかのように造られたアニメの動画に向かって熱い声援を送ります。

さらに，実在するアイドルは，逆に，虚構的なキャラを身にまとったアイドルとなっていきます。例えば実在のアイドルである欅坂46は，まさに虚構のアニメの中の戦闘少女風のキャラを帯びてパフォーマンスを行うようになります。Aqours（アクア）もまた，実在のアイドルの虚構化の事例だといえるでしょう。

Aqours は，『ラブライブ！ サンシャイン!!』に登場する架空の9人組女性スクールアイドルグループ，およびそのキャラクターの声を演じる声優たちによる実在の9人組女性声優ユニットの名称です。ここでは，虚構と実在を積極的にシンクロさせながらアイドル文化を展開させていることがみてとれます。

このようにアイドル文化をみていけば，現代社会において，「虚構」は，現実の反対語として機能しなくなっていることに気づきます。むしろ，現実と虚構は，同じことの言い換えとなっているのです。それが現代の特徴ではないでしょうか？

実際，新型コロナウイルス感染症（COVID-19）をきっかけに，私たちは Zoom などバーチャルなテクノロジーを用いて，Zoom 飲み会などを開きコミュニケーションを行ってきましたが，それこそが，現実のコミュニケーションの一つのかたちだったのではないでしょうか？ 現実の飲み会と区別されて Zoom 飲み会があるのではなく，それも含めて現実の飲み会なのです。私たちはもはや，現実＝虚構の時代を生きているといえるでしょう。

4　文化と社会のつながり

このようにアイドル文化のあり方をたどっていくと，社会や時代のありようが浮き彫りになります。

「男性アイドル」と「女性アイドル」の区分は適切かという話に戻れば，例えば Sexy Zone のマリウス葉さんは，これまでのジェンダーやセクシュアリ

ティのあり方を真剣に問い直そうとしています。アイドル自身から，そうした人たちが登場する中で，「男性アイドル」と「女性アイドル」という区分そのものを再考することが必要となってくるでしょう。

　同時に，「虚構」と「実在」が同期化（シンクロ）する現代において，新たな形態でジェンダーやセクシュアリティにおける問題が現れていることにも注目していくべきでしょう。例えば初音ミクのキャラクターに，何らかのジェンダー観やセクシュアリティ観が投影されているのだとしたら，そのことに注意してアイドル文化におけるジェンダーやセクシュアリティのことを考えていくことも必要です。

　このようにアイドル文化も含めて，あらゆる文化現象は，それ自体，社会から離れたところで独立して存在するのでは決してありません。文化現象——すなわち映画も，テレビドラマも，ポピュラーミュージックも，そしてアイドルも——はすべて，必ず何らかのかたちで「社会的なもの」とつながっているのです。

　ポピュラーカルチャーをはじめとする文化は，人びとを楽しませてくれ，様々な楽しさや歓びを与えてくれるものですが，同時に，社会的な欲望や利害を私たちにもたらし，媒介し，影響を与えるものでもあります。**フレドリック・ジェイムソン**というアメリカ合衆国の思想家は，こうした文化の社会性を，「政治的無意識」と呼んでいます。文化の「政治的無意識」，すなわち文化の社会性を明らかにするという研究に，私は，大学院生の頃から，ずっとたずさわってきました。「文化の社会学」という領域は，まさにそうした学問となります。こういう学問もおもしろいので，よかったら，是非，いろいろと本を読んでみて下さい。

参考文献

アドルノ，テオドール＆ホルクハイマー，マックス（2007）『啓蒙の弁証法』岩波書店。
大澤真幸（2009）『増補　虚構の時代の果て』筑摩書房。

ジェイムソン，フレドリック『政治的無意識——社会的象徴行為としての物語』平凡社。
バウマン，ジークムント（2001）『リキッド・モダニティ——液状化する社会』大月書店。
バウマン，ジークムント（2007）『廃棄された生——モダニティとその追放者』昭和堂。
見田宗介（2006）『社会学入門——人間と社会の未来』岩波書店。
村上裕一（2011）『ゴーストの条件——クラウドを巡礼する想像力』講談社。

第11章　テーマパーク──トランスナショナル・ディズニー

　前章では，アイドル現象に焦点を合わせながら，現代の文化現象──ポピュラーカルチャー──について脱常識的な視点から考えているとどうなるのかをお伝えしました。本章では，テーマパークのことを考えてみましょう。

　テーマパークも，実は社会を考える重要な現象となっています。前にもお伝えしたように，私は観光社会学を専門にしていますが，このあたりは私の専門中の専門であったりします。

1　シミュレーションとしての観光地

テーマパークは，ポピュラーカルチャーと観光が交差する地点において成立している場所です。その中で，本章で取り上げるのは，東京ディズニーリゾートというテーマパークです。

東京ディズニーランドが千葉県浦安市に開園したのは，1983年4月15日のことです。ディズニーランドが開園する以前の浦安市は閑静であるものの，スーパーマーケットさえほとんどないような不便な住宅地（さらにその前は小さな漁村）だったのですが，今はその面影もありません。ディズニーランドが開園するとともに，JR京葉線の開通と相まって都市開発・都市再編が加速し，近辺にはショッピングモールやホテル，レストラン等，多くの施設が一斉に建てられていったのです（図表11-1）。このようにショッピングモール，レストラン，シネマコンプレックス，ホテル，様々なアトラクション施設などを構成要素（モジュール）として成り立っている都市を，社会学では「テーマパーク化する都市」といいます。

現在は東京ディズニーランドに加え，2000年7月7日にイクスピアリ，2001年9月4日に東京ディズニーシーが開業し，ホテルも一層林立するようになり，「東京ディズニーリゾート」として，より大きな複合リゾート施設へと発展しています。この東京ディズニーリゾートというテーマパークについて，「シミュレーション」という言葉を使って考えてみましょう。

これは，フランスの社会学者・思想家・哲学者であるジャン・ボードリヤールが『シミュラークルとシミュレーション』という本で提示した言葉です。ボードリヤールは，オリジナルに対するコピーのあり方を「シミュラークル」として総称し，ルネサンス以降のヨーロッパ社会を事例にとってシミュラークルの段階を，次の3つに分けています。

① 模造の段階

② （大量）生産の段階

③ シミュレーションの段階

図表11-1　JR舞浜駅の風景

出典：筆者撮影（2010.3.26）。

「模造」の段階は，ルネサンスから産業革命の時代までのシミュラークルの段階のことです。この頃，衣服や調度品，宗教的な絵画や彫刻の模造品が出現しはじめるのです。この頃のオリジナルとコピーの関係は，オリジナルに圧倒的に価値があって，コピーはまったく価値がないという関係でした。オリジナルが圧倒的な存在感を誇っていた時代のコピーが「模造」なのです。コピーされたものは，あくまで偽物に過ぎませんでした。

　産業革命を経て資本主義社会に突入するようになると，それが少しずつ変化しはじめます。機械制大工業が始まり，大量の複製品が「生産」され世に送り出されるようになるのです。そうなると，オリジナルとコピーの関係はどうなったでしょうか？　大量の複製品・コピー製品に取り囲まれて生活するとともに，オリジナルの価値が次第に忘れられていくようになるのです。そしてオリジナルから，オーラ（aura）が失われていくようになります。

　それが，極限まで行き着くとどうなるか？

　音楽を事例にするなら，かつてはミュージシャンがライブで演奏することだけが芸術的な作品とされていました。その場，その時限りの1度きりのオーラのある輝きこそが芸術だというわけです。でも，その後，レコードというコピー，複製品が大量生産の中で発売されるようになります。そうすると，次第に，それも芸術だと私たちは思うようになっていきました。そしていま，どうでしょうか？

WEBメディアの中で音源データは無限にコピーされていくようになっています。私たちはレコードやCDなどのモノがなくても，WEBでダウンロードする音源データさえあれば，それで十分と思うようになっていますね。そして，それもまた芸術なのです。ボードリヤールは，1970年代から1980年代にかけて，社会がメディアの中で複製される情報，データ，イメージを中心に再編される「情報社会」になっていったのではないかと指摘していて，現代人はシミュレーションの時代を生きているのだというのです。

こうしたシミュレーションの時代を象徴するような観光地として，彼はディズニーランドというテーマパークを挙げています。実際，ディズニーランドというテーマパークは，ディズニーメディアを立体化したような場所であるといっていいですね。

ディズニーランドでは，すべてがディズニーのイメージに沿ってつくられています。それはもともと，ディズニーのアニメ映画などで描かれた二次元の世界，夢の世界，ファンタジーの世界です。ディズニーランドやディズニーシーの園内では，ミッキーマウスやミニーマウス，ドナルド・ダックたちが歩いて手を振ってくれますが，彼らがどこかある地域に生息しているとは誰も考えていません。

彼らはあくまで，メディアで描かれた夢の存在（シミュレーション）なのです。メディアの情報・イメージでつくられるシミュレーションの観光地，それがディズニーランドなのです。

2　シミュレーションを支えるリアルな仕掛け

ディズニーリゾートは確かに，ファンタジーに彩られた「シミュレーション」の世界を形成しています。でも，この場所は，単にメディアによって形成された「シミュレーション」であるというだけにはとどまらない要素を数多く持っています。

　ディズニーリゾートには，この場所のファンタジー性を支えるための仕掛けが，ファンタジーの世界，「シミュレーション」の世界の背後にあって，蜘蛛の糸のように様々なかたちで縦横にはりめぐらされているのです。このことも同時に，見過ごすことはできません。

　例えば東京ディズニーランドでは，周りの道路や鉄道，住宅などが見えないように盛り土をされ木が植えられ（「バウム」と言われます），訪問者が日常の世界に引き戻されないでファンタジーの世界だけに浸れるようにされています。また，人びとがあちらこちらから入ってくることが絶対にできないように，入口はエントランスゲートの一箇所のみにとどめられています。園内に入る時には必ずここを通らなくてはならないようにされ，日常世界との接点を必要最小限に抑えられています。

　「ワールドバザール」エリアには，建物の大きさや道路の幅についてもある仕掛けがあります。そこでは遠近法による錯覚を用い実際よりも通りを長く見えるように，中に入って行けば行くほどに建物が小さく，道路は細くなるように造られています。さらに「シンデレラ城」が真正面に見えるように配置され，それを目指して遠近法の錯覚で長く見える通りを歩きながら，訪問者たちは，少しずつ日常の世界を離脱しファンタジーの世界へと没入していくことができるようになっているのです。

　それぞれのテーマパークの空間配置についても，工夫がなされています。ディズニーのテーマパークは，日常世界の接点であるエントランスゲートから中に入り，シンデレラ城に近づくにつれて，日常性からファンタジー性へと変化しています。

　シンデレラ城に向かってセントラル・ゾーンを左側に行くと「アドベンチャーランド」「ウエスタンランド」等の「過去」をイメージさせるテーマパークが，右側に行くと「トゥモローランド」等の「未来」をイメージさせるテーマパークが配置されています。このように「日常世界—ファンタジー世界」「過去のイメージ—未来のイメージ」という2つの軸をクロスさせながら，ディズ

ニーのテーマパークが造られており，その空間に意味を付与しているのです。

　その他，ディズニーリゾートの仕掛けについて考える場合，「テーマ化」「ハイブリッド消費」「マーチャンダイジング」「パフォーマティブ労働」という4つを挙げることもできます。これは，社会学者の**アラン・ブライマン**が，その著『ディズニー化する社会——文化・消費・労働とグローバリゼーション』で指摘しているものです。

（1）テーマ化

　これは，テーマパークを何らかの統一的な物語で染め上げていくことを意味しています。個々のテーマパークには，固有の統一的な物語があります。各テーマすべての物語は，ファンタジーあふれるディズニー世界を構成するよう結びつけられています。

　そのために，類似した物語をもつパーク（「ウエスタンランド」の場合には「アドベンチャーランド」や「クリッターカントリー」）はより近くに，類似していない物語を持つパーク（「ウエスタンランド」の場合には「トゥモローランド」）はより遠くに配置し，ゲストがディズニーランド全体に整合的なイメージを感じ取れるような工夫をしています。

（2）ハイブリッド消費

　ホテルに宿泊すること，レストランで食事すること，モールでショッピングを楽しむこと，映画を観ること，アトラクションに乗ること，これらは本来それぞれ独立した消費形態です。でもディズニーリゾートの場合，こうした消費形態をバラバラにして提供するのではなく，すべてを結びつけながら提供しています。ディズニーリゾートでは，様々な消費形態や商品をハイブリッド（混交的）にしてゲストたちに提供することで，他の場所に行かなくても満足できるようにしているのです。

（3）マーチャンダイジング

「マーチャンダイジング」とは，著作権のある商品や，商標登録しているロゴ・イメージ・キャラクターをつけた商品を販売促進することを指しています。たとえ平凡なチョコレートであっても，そこにミッキーマウスをイメージさせるデザインの型をつけることで，価格が高くても売り上げは伸びるでしょう。

（4）パフォーマティブ労働

「労働」は日常世界を思い起こさせるものであるため，ディズニーリゾートのスタッフたちは，そこで働いているとき決して「労働」していることを感じさせないようにしています（第7章参照）。

　このように見てくれば，ディズニーリゾートのファンタジー性はリアルな仕掛けに常に支えられていることが分かるでしょう。「シミュレーション」は，必ず実在的でリアルな部分を介在させているのです。
　ディズニーリゾートでは，「シミュレーション」＝ファンタジー性が，「リアルな仕掛け」と密接に絡み合いながら実現されていて，「シミュレーション」を捉えようとする時には，その背後にある「リアルな仕掛け」を常に捉えていく必要があります。

3　アメリカ文化と切り離せないシミュレーション

　さらにディズニーランドは，アメリカ文化と切り離せない関係にあります。これについては，**能登路雅子**というアメリカ研究の研究者が『ディズニーランドという聖地』で詳しく論じています。
　アメリカ文化と切り離せない関係にあることは，1955年に世界で初めてロサンゼルス郊外アナハイムでディズニーランドが開園した時に，ウォルト・ディズニーが行ったスピーチでもよく見てとれます。それは，こんなスピーチです。

「この幸せあふれる場所においで下さった方々，ようこそ。ディズニーランドは，あなたの楽園です。ここで年老いた方々は，かつての懐かしき思い出にひたることができるでしょう。…（中略）…若い方々はここで，未来へと続く挑戦や約束を味わうことができます。ディズニーランドは**アメリカをつくりあげてきた理想，夢，つらかった現実にささげられるもの**です。世界中の悦びとインスピレーションの源泉となることを期待しながら。」（太字筆者）

　これは，ディズニーのアニメ映画などで描写されるアメリカの夢や理想が，ディズニーランドというかたちで三次元化された記念すべき瞬間のスピーチなのです。ディズニーは，アメリカの価値観・世界観を全世界に発信し続け，アナハイム・ディズニーランドを開園させて以降も，それを，フロリダのウォルト・ディズニー・ワールド・リゾート（1971年開園），東京ディズニーリゾート（1983年開園），ディズニーランド・パリ（1992年開園），香港ディズニーランド（2005年開園），ハワイのアウラニ・ディズニー・リゾート（2011年開園），上海ディズニーリゾート（2016年開園）へと拡げていったのでした。

4　様々な遊び方を発明するゲストたち

　でも，東京ディズニーリゾートという観光地は，それだけにとどまりません。
　確かに，それは，メディアによって創られたシミュレーションとして，アメリカの価値観・世界観を拡散させ，アメリカ文化の象徴となっています。でも同時に，ゲストたちは，その場所で，自分たちで自由に，様々な遊び方を発明しています。ディズニーリゾートは，そうしたパフォーマンスが展開される場所になっているのです。そのことを考える上で，ダッフィーやシェリーメイたちキャラクターを事例にすると分かりやすいでしょう。
　ダッフィーとは，東京ディズニーシーで売られているグッズとして近年非常

に高い人気を誇るテディベアのぬいぐるみですね。テディベアのぬいぐるみは以前から，アナハイムのディズニーランドなどで「ディズニーベア」という名前で売られていましたが，「ダッフィー」という名称で売られるようになったのは，2005年，東京ディズニーシーからのことです。その際，「ミッキーが長い航海に出る前に寂しくないようにとミニーが贈った男の子のテディベアで，ダッフルバッグに入れてプレゼントされたため『ダッフィー』と命名された」というオリジナルの設定を付加しています。

またシェリーメイとは，ディズニーシーで売られている，女の子のテディベアのぬいぐるみです。こちらはミニーマウスがダッフィーの友だちとしてつくったという設定で，2010年のバレンタイン・ホワイトデーイベント期間に初めて登場しています。当初はイベント期間限定で発売されることになっていましたが，爆発的に売れるようになり期間を限定せず提供されるようになったのでした。

他にジェラトーニとは，東京ディズニーシーのオリジナルキャラクターです。薄緑色のネコの男の子。画家を目指していて，絵を描くのが得意という設定です。ある日，ジェラートを食べながらミッキーと散歩を楽しんでいたダッフィーが，手に持っていたジェラートを落としてしまう。すると，どこからともなくネコの男の子が現れ，道に落ちてしまったジェラートを使ってあっという間に絵を描き上げる——というのが名前の由来です。

ステラ・ルーもまた，東京ディズニーシーオリジナルのキャラクターです。ラベンダー色のウサギの女の子で，ダンサーを夢見ていて，毎日ダンスの練習をしていて，星（ステラ）のように輝いているのでステラ・ルーであるという設定です。

こうしたダッフィーやシェリーメイといったキャラクターで非常に興味深いのは，それらがまるで「生きている」かのように訪問客たちが接している点です。

私がフィールドワークの時もそうです（ディズニーリゾートは私の大事な研究の

フィールドの一つです。いつも1人で行って，皆が誰かと一緒に楽しそうにしているのを見ながら，「けっ！」と思いつつも頑張って調査しているのに，そこへの入場料を研究費で充当しようとしても，「これは経費でおちません」と言われてしまうのが辛いところです。出張先に「ディズニーリゾート」「そこを調査しに行く」って書いているだけなのに）。

　フィールドワークした時もディズニーシーのグッズストアには，ダッフィーやシェリーメイのぬいぐるみを購入しに来た訪問客たちで溢れかえっていたのですが，そこで彼らは，たくさんあるぬいぐるみの中で「『この子』が可愛い！」「『この子』が，私を『呼んでいる』！」「『この子』，あんまり私と『合わない』」と口々に言い合いながら，ぬいぐるみを選んでいました。私はひそかに，「我が家のものが一番に決まっている」と思っていました（笑）。

　それはともかく，ここで注目すべきは，皆が，ぬいぐるみを「この子」と表現したり，「私を『呼んでいる』」という言葉を口にしたりしていることです。ゲストたちは，まるでダッフィーやシェリーメイが彼らに対して働きかけを行っているかのように，それらぬいぐるみに対して接しています。そしてダッフィーやシェリーメイのぬいぐるみを抱えたり，自分の鞄に括り付けたりしながらディズニーシーの空間を歩くのです。

　その時，彼らは「『この子』と一緒に歩くと楽しい」「ずっと腕に『ダッフィーが』抱きついていた」と表現します。この時に限っていえば，彼らは，ダッフィーやシェリーメイと一緒に歩いているかのような感覚を有しているのです。また自分がダッフィーやシェリーメイを抱えているのではなく，逆に彼らが自分に抱きついているという感覚を持っていたりもします。

　フランスの哲学者・社会学者・人類学者であるブリュノ・ラトゥールは，モノというのは単なる客体ではなく，行為者として，人・社会と密接に関わっているのだと主張しています。ヒト（社会）とモノ（自然）は深く絡まり合いながら，相互に「行為者（エージェント）」としてネットワークで結びつけられてきたというわけです。

154

　ダッフィーやシェリーメイたちキャラクターのぬいぐるみも，そうではない
でしょうか？

　ディズニーリゾートでは，ゲストは，あくまでも，ぬいぐるみというモノと
「一緒に歩いて」，時に自分のぬいぐるみをスマートフォンで撮影しインスタグ
ラムにアップし，「ぬい撮り（ぬいぐるみ撮り）」をしたりしながら遊びます。
ぬい撮りとは，ぬいぐるみを主役に撮る「ぬい」ぐるみ「撮り」のことですね。
「ぬい撮り」においては，ぬいぐるみを撮影し，インスタにあげることが，そ
の場所へ観光に行く目的の一つとなっています。ディズニーシーでは，ダッフ
ィーたちと散歩しながら，自分たちではなくぬいぐるみを主役にして，「ぬい
撮り」する人たちが生まれ始めているのです。

　それは，アトラクションに乗ったりパレードを見たりするといった，ディズ
ニー側が提供する遊び方ではありません。パーク内を「ダッフィーやシェリー
メイと一緒に歩きぬい撮りする」という彼ら自身の遊び方で，ゲストはこの場
所を楽しんでいるのです。

5　トランスナショナルなポピュラーカルチャー

　近年このことは，東京ディズニーリゾートにとどまらない現象となってきて
います。

　東京ディズニーリゾート，しかもディズニーシー限定で発売されはじめたダ
ッフィーやシェリーメイがいまや，その場所から飛び出し，世界中のディズニ
ーパークで売られるようになっています。それだけではなく，例えば上海では，
ダッフィーの仲間たちのキャラクターショーが東京ディズニーシーと同じよう
に行われ人気を博しているのです。

　これによって，香港ディズニーランド，ハワイのアウラニ・ディズニー・リ
ゾート，上海ディズニーリゾートでも，パーク内をダッフィーやシェリーメイ
と「一緒に歩く」ことを楽しむゲストたちが多く見られるようになっているの

図表11-2 上海ディズニーリゾート・ステーション

出典：筆者撮影（2019.3.11）。

です（図表11-2）。

アメリカ文化の象徴として、メディアによって創られたシミュレーションの場所である東京ディズニーリゾート。ここで、ダッフィーやシェリーメイのぬいぐるみと一緒にただ散歩し、「ぬい撮り」する。そんなゲストたちの遊び方を生み出し、現在、そのパフォーマンスを全世界に拡散させているというわけです。

アメリカ文化の象徴として始まったはずのディズニーパークが、アメリカ合衆国にはない、東京限定のローカルなぬいぐるみキャラクターたちを生み出し、そのぬいぐるみというモノを用いて、独自の遊び方を日本で発明しました。つまり東京ディズニーリゾートのゲストたちは、脱「アメリカ文化」化、脱「ディズニーランド」化させ、新たなパフォーマンスを発明したということになりますね。しかも、そのパフォーマンスを香港や上海など世界中に拡散させています。

ダッフィーやシェリーメイと「一緒に歩き」、その写真をSNS上にアップするという遊び方は、アメリカ文化の象徴とは関係ありませんね。それはアメリカ発のディズニーランド文化と異なるという意味で、脱「ディズニーランド」化した遊び方です。しかも、その遊び方は、日本からやってきたディズニーランド・ファンたちが香港や上海でも行うことで、世界中に広まって、国を越えるトランスナショナルなものとなっているのです。

ただし、ここで注意しておくべきこともあります。

香港ディズニーランド、ハワイのアウラニ・ディズニー・リゾート、上海ディズニーリゾートにおいてはダッフィーやシェリーメイと一緒に歩くという遊

び方が観察できます。それに対して，アメリカ合衆国のアナハイム・ディズニーランド，フロリダのウォルト・ディズニー・ワールド・リゾート，フランスのディズニーランド・パリではそれほど観察できません。

　実際，アメリカ合衆国のアナハイムへ行った時に，ショップの人に「ダッフィーのぬいぐるみはどこにあるの？」と聞くと，「ダッフィー？　何，それ？」という答えが返ってきました。それに対して，上海では，すぐに売り場まで案内されました。アメリカ合衆国やフランスのディズニーテーマパークでは，ダッフィーの存在すら知られていない場合もあり，ましてや彼らと一緒にただ歩くといった遊び方などあり得ないのです。――なぜそうなるのでしょうか？

　それは，それぞれの国家が日本に対してまなざす欲望・利害・関心，そして逆に日本がそれぞれの国家に対してまなざす欲望・利害・関心と緊密に結びついているからではないでしょうか？　これら「日本に向けられる／日本が向ける」まなざしに内在する，様々な欲望・利害・関心が重なり，ねじれ合い，せめぎ合い，お互いを変化させながら，「トランスナショナルなポピュラーカルチャー」が形成されているのです。東京ディズニーリゾートのゲストたちは，香港・上海・ハワイに行くことも多く，他の国からもそうです。でもアメリカ合衆国やフランスにはそこまで行きませんし，向こうからもそこまで来ません。どうも，このあたりが，関係しているようです。

　このように考えるならば，ダッフィーやシェリーメイたちぬいぐるみは，単にディズニー・キャラクターのぬいぐるみであるにとどまらないといえますね。文化研究者である**岩渕功一**が，その著『トランスナショナル・ジャパン――ポピュラー文化がアジアをひらく』でかつて論じたようなことを，テーマパークを事例に現時点で再び考えてみることも必要なようです。

　こんな風に脱常識的に東京ディズニーリゾートというテーマパークを考えていくことで，ポピュラーカルチャーと観光とグローバルな世界が，同時に現れる現場を垣間見ることができるはずです。

参考文献

岩渕功一（2016）『トランスナショナル・ジャパン——ポピュラー文化がアジアをひらく』岩波書店。

能登路雅子（1990）『ディズニーランドという聖地』岩波書店。

ブライマン，アラン（2008）『ディズニー化する社会——文化・消費・労働とグローバリゼーション』明石書店。

ボードリヤール，ジャン（2008）『シミュラークルとシミュレーション』法政大学出版局。

ラトゥール，ブリュノ（2019）『社会的なものを組み直す——アクター・ネットワーク理論入門』法政大学出版局。

第12章 都 市──僕たちが生きる都市のすがた

　前章で，テーマパークに焦点を合わせながら，ポピュラーカ
ルチャーと観光とグローバルな世界が結びつくことをみてきま
した。本章では，都市について社会学の視点から考えてみたい
と思います。都市もまた，社会と深く結びついています。

1　都市の不思議

　ニューヨーク・ロサンゼルス・ロンドン・パリ・東京・大阪。これらは，都市といわれます。こうした都市は，不思議さに満ち溢れています。

　例えば夕暮れがせまる都市の交差点で，皆さんが信号待ちをしているとします。そんな時，何となく寂しくて，孤独で，人恋しいと思った経験が，みなさんにはありませんか？　私にはあります。降りくる夜の帳に追い立てられるように，あたたかな灯りのついた我が家に早く帰りたいなあと思ったりします。

　でも変ですよね。都市にいる時，周りを見渡してみて下さい。そこには，たくさんの人がいませんか？　たくさん人がいるのだったら，人恋しいなんて思わないはずではありませんか？　それなのに，私たちは「孤独」を感じて，「人恋しい」と思ってしまう。

　Mr. Children というバンドも，そうした都市の不思議な特徴を，「東京」という曲で歌っています。

　　　東京を象徴している
　　　ロボットみたいなビルの街
　　　目一杯　精一杯の働く人で
　　　今日もごった返してる
　　　信号待ち。足を止めて
　　　誰かが口笛を吹いてる
　　　とぎれとぎれの旋律だけど
　　　なぜかしら　少しだけ癒されてる

　関心があれば，「東京　Mr. Children」で検索してみて下さい。たくさんの人が集まっているのに，孤独。孤独なのに，たくさんの人がいる。でも，なぜか，無性に人恋しい。

　どうして都市では，そんなことが起こるのでしょうか？
都市の不思議さに魅せられるかのように，そのわけを考えた
社会学者がいます。**ゲオルグ・ジンメル**というドイツの社会
学者です。

ジンメル

　彼は，**マックス・ヴェーバーやエミール・デュルケーム**と
同時代の人で，やはり社会学が学問として確立していく時に，
社会学をリードした人です。私は学部時代この人の社会学が好きで，よく読ん
でいました。ただヴェーバーもデュルケームも大学の常勤教授だったのですが，
ジンメルはずっと私講師でした。

　私講師とは，ドイツにおいて，教授職には就いていないのだけれど，教授資
格制度に合格し，教授資格を持って教育活動を行っている人のことをいいます。
彼らは，学生から聴講料を徴収して講義をします。講義が面白くないと，受講
生が集まらず聴講料は入りません（恐ろしいですね。でも学生さんにとっては良い
ことなのかも……）。そのためもあって，ジンメルの講義は抜群に面白かったと
いわれます。

　どうして都市では，「たくさんの人が集まっているのに孤独」だと感じるの
か？　ジンメルは，ドイツのベルリンという大都市やそこに生きる人びとの人
間関係を観察し，都市の匿名性こそが，その理由だと考えます。

　都市には確かにたくさんの人がいます。でも，それは，お互いの名前も知ら
ないような，見知らぬ者（ストレンジャー：Stranger）同士が集まっているだけ
です。すれ違った次の瞬間には，どんな顔だったのかさえ忘れているかもしれ
ない。誰でもない，誰でもよい人間関係です。それを非人格的な人間関係とい
いますが，それが都市の特徴です。そうした人間関係の下では，いくらたくさ
ん集っていようが人は孤独なのだと，ジンメルは言います。

2　都市の人間関係における「儀礼的無関心」

　でも，そのことは決して，お互いに無関心でいるということを意味している
わけではありません。例えば，都市の交差点で誰かが刃物をちらつかせて歩い
ていたりしたら，私たちはすぐに気づくでしょう。それは，お互いがお互いを
注視し合っているから気づくのです。だからといって，相手のことをじろじろ
見たりしない。

　相手の動きをなんとなく気にしてはいるけれど，でも非人格的な人間関係を
維持できるよう，「何気なく気にしている」のです。

　つまり私たちは都市において，「他者に無関心」でいるのではなくて，「他者
に無関心な関心を寄せている」のだといえるでしょう。アメリカ合衆国の社会
学者であるアーヴィング・ゴフマンは，このことを「儀礼的無関心」という別
の表現で述べています。

　私たちは街中で，相手が刃物を持って歩いていないかなど，いろいろと気に
してはいます。でも「すぐに視線をそらし，相手に対して特別の好奇心や特別
の意図がないことを示す」のです。そうすることで，お互いの人間関係が保た
れているのが，都市という場所です。

　もしそうした「儀礼的無関心」を無視して相手に接すると，どうなるのでしょ
うか？　私が高校１年生の時の思い出です（また個人的な思い出かい！）。初めて電
車で通学することになって，最初の頃，何もかもがとても物珍しく，あちらこち
らに興味をもって電車内を見ながら通学していました。楽しい通学時間でした。

　ある日，むちゃくちゃヤンキーの人が電車に乗ってきました。「うわ！　ベ
スト・ヤンキーや！」と，ものすごく興味をひかれた私は，じーっと，その人
のことを観察してしまったのです。しばらくすると，その人がおもむろに立ち
上がり，こちらに向かってきて「なにじろじろ見とんじゃ。ぼけ」と私の胸倉
をつかんできました。思わず「す，すみません」とあやまり事なきを得ました

が，怖い思い出です（って，それは私が悪い）。

「儀礼的無関心」を無視して，相手をじっと見てしまうと，私の高校時代のように，都市の人間関係を営む上で，支障をきたすことになります。ただ，都市の人間関係は，お互いの名前も知らないような，見知らぬ者同士が集まっているだけの儚さをもっているものです。だからこそ，どんなに人が集まっていようが，孤独で人恋しいのです。都市は，そういう面白い特徴のある人間関係をつくりあげたのです。

3　人びとの想いが集まる都市

こうしてみると，都市とは，単に物理的な場所であるというにとどまりません。それは人が集まり，日々様々な行為を繰り返し，多くの「想い」をもち寄る場所なのです。だからこそ，東京へ行くという行為さえも，ただ物理的にその場所へ行くということを意味しているのではないのです。

「上京」という行為の中には，様々な「想い」が込められています。実際，そういう曲もたくさん歌われてきました。Mr. Children の「星になれたら」では，自分のいた街を出ていき上京する想いが歌われていますし，シャ乱Qの「上・京・物・語」では，彼女を残して上京する男性の想いが歌われています。

「星になれたら」
　　この街を出て行く事に　決めたのは　いつか　君と
　　話した夢の　続きが今も　捨て切れないから
「上・京・物・語」
　　「東京」へ向かう　僕を見送る　君の言葉はない
　　So 時として　恋人の　二人には
　　愛の深さ計る事件があり
　　So 別れるの　別れない　二人には
　　愛の答え出せず離れてゆく

パーク

出典：https://commons.
wikimedia.org

他にも，KANA-BOON の「東京」，銀杏 BOYZ の「東京」，くるりの「東京」など，上京や東京に関わる曲はたくさんあります。

私は高校時代にベースを担当し，キッスというバンドのコピーもしていました。彼らも，都市の中の人びとの「想い」を歌にしています。「デトロイト・ロック・シティ」という曲です。自動車産業でかつて栄えたものの，いまは「錆びついた街」（ラストベルト），デトロイトで生きる若者たちの「想い」が奏でられています（キッスのオリジナルメンバーの多くはニューヨーク出身ですが）。

4　「社会的実験室」としての都市

つまり都市とは，人びとの「行為」「想い」がぎゅっと詰まった場所なのです。そのため社会における人びとの「人間関係」「行為」「想い」が，とても分かりやすく観察できる場所なのだといえます。

図表12-1　シカゴの風景

出典：筆者撮影（2000.2.26）。

ロバート・パークというアメリカ合衆国の社会学者は，都市が「人間性と社会過程を，最も有効かつ有利に研究しうる実験室」のようだと言っています。彼は，都市を「社会の実験室」のようなものだと考え，都市社会学という領域を切り拓いていくのです。

ロバート・パークをはじめとする数人の社会学者たちは，ジンメルの社会学に影響を受けながら，シカゴという大都市（図表12-1）を舞台に，都市社会学を開花させていきます。これが，**「シカゴ学派」**という都市研究の流れをつくりだしていきます。

図表12-2　バージェスによる「都市の同心円構造」に関する図

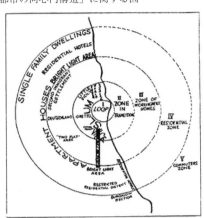

出典：Park & Burgess（1925：51・55）.

（1）同心円理論

　シカゴ学派のアーネスト・バージェスという社会学者が考えた「同心円理論」は，都市のかたちがどうなっているのかを考えたものとして，いまなお大切です。

　この理論は，以下の地帯が，同心円的に拡がっていくという理論です（図表12-2）。

① 　中心ビジネス地区（CBD: Central Business District）

② 　遷移地帯（都市発展の過程で取残されたスラムなど低所得者の居住地帯）

③ 　労働者住宅地帯

④ 　一般住宅地帯

⑤ 　通勤者住宅地帯

（2）都市のフィールドワーク

　またパークやバージェスは，都市の中を自分で歩いて調べていくというフィールドワークという方法を推し進めました。シカゴ学派の社会学者たちは，都市の中のスラム街・貧民窟・繁華街……，そうした場所を歩き，ホームレスや

ギャングや不良少年など様々な人びとと接し，都市の中で人びとがどのような行為を行い，どのような思いを抱いているのかを調べていったのです。

　その調査をまとめた本の一つに，『ホーボー』があります。シカゴ中心部の南西の外れ「ウェストマディソン・ストリート」にかつて集住していた「ホーボー」と呼ばれる渡り労働者（ホームレスのような存在です）の生活を描いたものです。『ゴールドコーストとスラム』という本もそうです。そこでは，高級住宅街「ゴールドコースト」と，そのすぐ西側に隣接する「スラム」との対照性が浮き彫りにされました。

　いまでも社会学者は，地理学者と同じように，フィールドワークという手法を積極的に行うのですが，それは，シカゴ学派の影響を強く受けてのことなのです。私が大学院博士課程時代に指導して下さった先生も，都市社会学を専門にされている方で，フィールドワークをよくされていました。しかし私は指導教員の言うことをあまり聞かない大学院生でしたので，都市そっちのけで，都市の中で繰り広げられる音楽などのポピュラーカルチャーばかりフィールドワークしていました。

　そのうち，都市の中で繰り広げられるポピュラーカルチャーが，観光と強く結びついているように思えて，観光現象のフィールドワークを行うようになりました。かつて観光を社会学で扱うなんて変わり者扱いでしたので（学会の発表で，ある先生から観光地に遊びに行けて気楽だねと言われたこともあります），指導教員からあまりほめられませんでした。

（3）「移民」という移動がもたらした都市研究

　ところで，どうして，20世紀初頭のシカゴにおいて，これほどまでに都市社会学がさかんに行われるようになったのでしょうか？　——それは，シカゴという都市が社会のあり方と密接に結びついていたからです。

　19世紀後半から20世紀前半にかけて，東欧や南欧から多くの移民が当時のシカゴに流入してきました。当時，この移民の存在が，アメリカ社会に大きな衝

撃を与えていたのでした。

　東欧や南欧からやってきた移民たちの中には，生活がままならずギャングに
なってしまったり（アル・カポネという人が有名ですね），非行に走ったりする人
がたくさん出てきました。また貧富の格差も拡大しました。そうした都市の問
題を明らかにし，移民という「人びとの移動」がアメリカ社会にもたらしたイ
ンパクトを捉えようとしたのが，「シカゴ学派」だったのです。

5　シカゴ学派からロサンゼルス学派へ

　しかしながら，その後，20世紀後半になると，都市研究の中心は，シカゴか
らロサンゼルスへと移っていきます。なぜ都市研究の拠点が，シカゴからロサ
ンゼルスへ「移動」したのでしょうか？　──ロサンゼルスという都市が，ア
メリカ社会に新たな経験をもたらしはじめたからです（図表12-3）。

　ロサンゼルスでは，20世紀半ば以降，それまであまり多くなかったヒスパ
ニック系移民が数多くアメリカ合衆国に流入するようになります。さらに，周辺
部には，IT企業をはじめ多くの多国籍企業がひしめき合う街ができます。ま
た都市のかたちもモータリゼーションを最初から組み込んだ街づくりをしてい
たため，シカゴ学派が考えたような，同心円理論ではうまく説明できなくなっ
てきたのでした。

　さらにゲーティッド・コミュニティもできはじめ，それも新たな課題となっ
てきました。

　ゲーティッド・コミュニティとは，周囲をゲートで囲い，住民以外の敷地内
への出入りを制限した街のことです。ロサンゼルス市では，超お金持ちの富裕
層たちが山の手に住み，このゲーティッド・コミュニティを形成していたりし
ます。

　そうしてヒスパニック系や「黒人」と言われるアフリカ系アメリカ人たちに
多い貧困層の人びとから，同じ都市にいながら，自分たちを隔離させて暮らし

図表12-3　ロサンゼルスの風景

出典：筆者撮影（2019.9.21）。

ています。そうして防犯を徹底させようとしているのです。これを「セグリゲーション」といいますが，ロサンゼルスでは，ゲーティッド・コミュニティに代表されるように，人種間や階層間のセグリゲーション（分離）が起こっているのです。

　ロサンゼルスでは，こうして富裕層の「白人」たちがゲーティッド・コミュニティ内部の高級住宅に暮らすようになるとともに，都市の中心部の地域がスラム化するインナーシティ現象が生じてきました。その地域で貧困にあえぎながら暮らすアフリカ系アメリカ人の若者たちが，みずからの文化的表現として発展させていったものが，ヒップホップ・カルチャーです。ですから都市と，音楽というポピュラーカルチャーは結びついているのです。

　N. W. Aというグループや，そのグループを脱退したDr. Dre（ドクター・ドレー）などは，ロサンゼルスの街で育った人たちです。彼らの多くは，西海岸を中心に活躍するようになったアーティストたちです。彼らの音楽の多くはドラッグ・暴力・犯罪などを煽りたてるような過激な歌詞をもったものが多く，「ギャングスタ・ラップ」と呼ばれています。

　ロサンゼルスという都市は，人びとに，シカゴにはなかった新たな都市の経験をもたらしました。**マイク・デイヴィス**という都市社会学者も，『要塞都市LA』という本の中で，ロサンゼルスを事例としてゲーティッド・コミュニティが人びとにもたらした社会の分断を論じています。

　さらにデイヴィスは，このようなゲーティッド・コミュニティによって安心感は高まるのかと問います。彼は，逆だと言います。

　ゲートを囲うことで，社会の分断が進み，自分たちと異なる民族・階層に属

する他者に対する不安やおそれが増幅されるのだと主張します。それはまるで城壁に囲まれた中世都市のごとく，他者を侵略者のように扱うことになるとデイヴィスは考え，ロサンゼルスという「近代」的都市が「再封建化」しているのだと言います。

　他にエドワード・ソジャという研究者も，ロサンゼルスを事例にしながら都市の地理学を展開しています。そうして，シカゴからロサンゼルスへと研究の対象を移した社会学者や地理学者は，次第に「ロサンゼルス学派」という流れをつくりだしていくことになります。

6　観光という移動がもたらすインパクト

　しかしながら，ロサンゼルスという都市が社会にもたらしたインパクトを考えようとするなら，それだけでは，不十分なように思います。ロサンゼルス郊外には，アナハイムという街がありますが，都市と社会の関わり合いから，この街を考える時に「観光」という要素を無視して考えることはできません。

　それはディズニーランドが世界で初めて誕生した場所です。アナハイムというロサンゼルス郊外にある都市は，まさにディズニーランドというテーマパークによって大きくつくりかえられた街なのです。

　社会学では，テーマパークを中心に，ショッピングモール・レストラン・シネマコンプレックス（映画館）・ホテル，様々なアトラクション施設などを構成要素（モジュール）として成り立っている都市のことを，「テーマパーク化する都市」といいます。アナハイムは，まさに「テーマパーク化する都市」だといえるでしょう。

　アナハイムという都市を捉えるためには，ディズニーランドというテーマパークがどのように都市の特徴を変えていくのかを考える必要があります。ジョン・ハニガンという都市社会学者は，テーマパークが大きく影響を与えるような都市のことを「ファンタジー・シティ」と呼んでいます。

ハニガンは，「ファンタジー・シティ」の特徴として，次の6つを挙げています。

① テーマ性
② ブランド性
③ 24時間性
④ モジュール性
⑤ 孤立性
⑥ 虚構性

　以下，それぞれ，どういうことか説明したいと思います。

（1）テーマ性

　「テーマ性」とは，都市がある統一したテーマのイメージの下でつくられているということを意味します。ロサンゼルスの中心地から，クルマで1時間30分ほど走ったところにアナハイムという街があります。そこに到着すると，突然，ディズニーランド色に染め上げられた街（これがテーマ性です）が現れます。

（2）ブランド性

　「ブランド性」とは，その場所がブランド化されていることを表す言葉です。つまり，その場所へ行ってきたというだけで，何か楽しい経験をしてきたのだなと思わせるような街が，都市のブランド性なのです。アナハイムもそうした特徴を持っているといえるでしょう。

（3）24時間性

　眠らない街となっているのが，「24時間性」です。アナハイムへ行くと，ホテル・ショッピングモール・レストランなど，どこかが必ず24時間営業をして

います。

（4）モジュール性

ショッピングモール・レストラン・シネマコンプレックス・ホテル，様々なアトラクション施設などを「構成要素」，すなわち「モジュール」としているのが，この都市の特徴です。アナハイムは，テーマパークと，それに関連する様々なモジュール（構成要素）から成り立つ街なのです。

（5）孤　立　性

「孤立性」は，周囲の環境から隔絶していることを意味します。アナハイムという街だけが，その外部にある街と風景も街のつくりも明らかに違っていることが分かります。これが「孤立性」という特徴です。

（6）虚　構　性

テーマパークの中をみれば一目瞭然ですが，ここではARやVRなどのバーチャルなテクノロジーを駆使して，現実と仮想の区別をあいまいにしていることが分かります。こうした「虚構性」を都市の特徴としてもつのも，「ファンタジー・シティ」だといえるでしょう。

このように，アナハイムという都市は，「ファンタジー・シティ」そのものだということになります。こうした都市は日本にもあります。千葉県浦安市です。
ここも，東京ディズニーリゾートというテーマパークによって大きくつくりかえられた街です。このように観光と密接に関わりながら形成される都市が現れるようになっているのだとすれば，観光は今後，都市のあり方を考える上で重要な現象となるでしょう。

7　グローバル社会と都市

　それだけではありません。都市のかたちを考えることは，世界においてグローバル社会が現れていることを考えることにもつながっていきます。最後に，そのことを指摘して，本章を終えることにしましょう。

　例えば東京・ニューヨーク・ロンドンという都市を考えてみましょう。

　これらの都市において，どのような金融的な取り引きが行われているかで世界の経済は大きく変わります。このようにローカルな場所でありながら，同時に，その場所における行為や利害が，世界というグローバルな社会の行為や利害にダイレクトに結びつき，影響を与えるような都市があります。このような都市を，**サスキア・サッセン**という米国の社会学者は，「グローバル・シティ」と言います。

　グローバル・シティにおいては，都市は，ある国の中のローカルな場所であるにとどまりません。それは，グローバルな世界システムの内部に組み込まれ，その世界システムそのものの行方を変えてしまうような力を持つ場所なのです。

　つまり，ローカルであることによってグローバル，グローバルであることによってローカルである街。それがグローバル・シティの特徴でしょう。

　このように，都市は様々なかたちで社会と密接に結びついているのです。都市は物理的な場所でありながら，それにとどまらず人びとの実践や想いと結びついた場所でもあり，ローカルな場所でありながら，グローバルな場所でもあります。また文化や，その先で観光とも密接に絡み合って形成される場所でもあります。

　ふと気づくと，異端とされていた私も，ポピュラーカルチャーや観光を通じて，いつのまにか指導教員の教えを受け継いで，都市のことを考えていました。だとすると，社会学自体も，自らが「当たり前」に「正統」だと考えてきたこ

とを疑い，そこから考えはじめることが必要な学問ということになるのではないでしょうか？

「正統」であることを疑い，「異端児」的に観光やポピュラーカルチャーから考えることで初めてみえてくることを決してあきらめないこと，それが私にとって大切でした。でも，先人たちが当たり前としてきたことを疑うということは，社会学だけではなく学問全般にいえることなのかもしれません。

学問とは，すべてにおいて答えが準備されていて，その答えが唯一の正解であるというものではありません。これまで先人たちが積み上げてこられた業績（先行研究といわれます）に感謝し，その力を借りながら，それと真剣に対峙し，批判し，時にはぶっつぶしてでも，自分だけの問いを考え続け，登っていった先に，「知の高原」みたいなものが学問には広がっているのではないでしょうか？（私自身も，それを目指して登っている途中なので分かりませんが。分からんのかい！）

その「知の高原」の風景を見ようと努力し続けることが大切なのだと思います。その意味で，学問の「正統」とは，それをぶっつぶしてでも，自分の問いをつきつめようとする「異端」という逆のものの中にこそあるのです。

まるで都市のすがたが，「物理的な場所でありながら，その逆に，ただ物理的な場所であるというだけでない」「ローカルでありながら，その逆に，グローバルでもある」となっているように。

参考文献

アンダーソン，ネルス（1999（上）・2000（下））『ホーボー──ホームレスの人たちの社会学』ハーベスト社。

ゴフマン，アーヴィング（1980）『集まりの構造──新しい日常行動論を求めて』誠信書房。

サッセン，サスキア（2018）『グローバル・シティ──ニューヨーク・ロンドン・東京から世界を読む』筑摩書房。

ジンメル，ゲオルグ（1994）「大都市と精神生活」『橋と扉』白水社，269-285頁。

ソジャ，エドワード・W（2003）『ポストモダン地理学――批判的社会理論における空間の位相』青土社。

ゾーボー，ハーヴェイ・W（1997）『ゴールドコーストとスラム』バーベスト社。

デイヴィス，マイク（2008）『増補新版 要塞都市 LA』青土社。

Hannigan, J.（1998）*Fantasy city: Pleasure and profit in the postmodern metropolis,* London: Routledge.

Park, R. E. & Burgess, E. W.（1925）*The city: Suggestions for investigation of human behavior in the urban environment,* Chicago: The University of Chicago Press.

Scott, A. J. & Soja, E. W.（1996）*The city: Los Angeles and urban theory at the end of the twentieth century,* California: The University of California Press.

第13章　モバイル・ライブズ──私たちの社会のすがた・私たちの生きるかたち

　　本章では，現在のグローバルな社会のかたちがどういうもの
　なのか，そして，これからの社会のかたちはどうあるべきかと
　いった，少し大きな話をしていきたいと思います。

1 モバイルな社会

　現在，社会は，どのようなかたちとなっているでしょうか？　**アンソニー・エリオットとジョン・アーリ**によると，現在の社会は「モバイル」な特徴をもっている社会なのであり，それに伴って私たちも「モバイルな生」を生きつつあるとされています。

　彼らは，こんな風に言っています。

> 「人びとは今日ほぼ間違いなく，以前にはあり得なかったほど『移動』し続けている。社会の大きな変化——グローバリゼーション，モバイル・テクノロジー，徹底的な消費主義，気候変動など——は，人，モノ，資本，観念が世界中をますます移動するようになってきたことと関連している。…（中略）…これに加え，コミュニケーション手段やバーチャルの領域でもモビリティが急速に拡大しており，自宅電話よりも携帯電話が多くなり，10億人以上のインターネット・ユーザーがいる。モビリティの黄金時代がまさに到来していることは明らかで，それがとてつもない可能性とおそろしいほどのリスクをもたらしている。」（エリオット＆アーリ 2016：i）。

　インドに生まれ，現在，アメリカ合衆国の大学で教えている**アルジュン・アパデュライ**という文化人類学者も，『さまよえる近代（modernity at large）』において，いまや社会は固定したものではなく，「さまよえるもの（at large）」になっていると主張しています。そして，この「さまよえる社会」が5つの側面で現れるのだといいます。それは，エスノスケープ（人）・テクノスケープ（モノ〔技術〕）・ファイナンススケープ（資本）・メディアスケープ（メディア〔情報〕）・イデオスケープ（知〔観念〕）です。

　「エスノスケープ」とは，移民や難民や観光客など，人の移動から見えてく

るグローバル社会の現れ方です。

　「テクノスケープ」とは，モノや技術や機械が多様な境界を越えて移動している事態を指しています。

　「ファイナンススケープ」とは，資本が国境を越えてグローバルに移動し続けている事態を指します。TOYOTA などのグロ

エリオット
出典：http://www.antho
nyelliott.org/

アーリ
出典：https://wp.lancs.ac.
uk

ーバル企業などを思い起こして頂くとよいかもしれません。

　「メディアスケープ」とは，ウェブ等のメディアを通じて，様々な情報やイメージの移動によって見えてくるグローバル社会の現れ方を意味しています。

　「イデオスケープ」は，観念（イデオロギー）や知識や価値観が国境を越え，モバイルなものとなることで揺らいでいく事態を指しています。

　アパデュライによれば，これら5つの次元は，それぞれが独立した動きを見せつつも，いろいろなかたちで結びついていくのだとされます。エリオットとアーリにしても，アパデュライにしても，現代社会は「移動の時代」だと考えているのです。

　確かに現代は，人・モノ・資本・情報・知識・技術等が絶えず移動する世界であり，その中で「新たな現実」が絶えず生まれ続けています。ヨーロッパ諸国における近年の動向などは，このことを端的に表しているのではないでしょうか？

　ヨーロッパ諸国の中には，ドイツ・オランダ・フランス・イタリア・デンマーク・ノルウェーをはじめとしてシェンゲン協定に加盟している国々があります。シェンゲン協定とは，ヨーロッパの国家間を出入国検査（国境検査）なしで国境を越えることを許可する協定のことです。ヨーロッパ内の人やモノの移動を自由にするため，1985年6月に調印されましたが，イギリスなど，いくつかの国は加盟していません。日本人がシェンゲン協定加盟国間を旅行する場合も，入国審査は最初に上陸した加盟国で行われます。

この協定があるおかげで，加盟国間では人びとの移動がパスポートチェック
なく，国境を越える観光も気軽に楽しめるようになっています。ドイツや北欧
でも，イタリアやフランスといったヨーロッパ圏の国々から，多くのツーリス
トがやって来て休日を楽しむ光景がよく見られます。またモノや資本の移動も
容易となっているため，貿易も活発に行われています。しかしながら移動は，
常にポジティブなかたちで現れる訳ではありません。

　ここで，第7章でも取り上げた2015年以降に多くの難民がヨーロッパ諸国に
押し寄せた「欧州難民危機」を思い出してみましょう。これは，100万人を超
す難民・移民が，地中海やヨーロッパ南東部を経由してEU圏内へ向かおうと
して引き起こされた社会的・政治的危機です。同じ「人の移動」と言っても，
どうしようもなく難民となって国を流浪することになる場合と，観光とでは，
まったく違った現れ方をします。

　移動（モビリティ）とは多様性に富んでいるのです。

　考え方も，国を越えて移動します。例えば，人の移動を規制・排除するべき
だとするイデオロギー（考え方）さえ，国を越えて現れるようになっています。

　米国大統領（2020年現在）をつとめたドナルド・トランプ氏が，メキシコか
らの移民を規制・排除しようと，国境に壁を築きましたが，こうした移民排除
の考え方が国境の壁を越えて，世界中に波及し，類似したイデオロギー（主
義・主張）の指導者が世界中で生み出すに至っています。2016年の国民投票の
結果を受けて，EU（欧州連合）からの離脱（イギリス離脱：Brexit）に至ったイ
ギリスをはじめ様々な国々で，移民や難民の排除を主張する人びとが，じわじ
わと増えています。

　つまり反（アンチ）グローバリズムのイデオロギー（考え方）でさえ，皮肉な
ことに，グローバルな形態で流通するようになっているのです。行為のアイロ
ニー（皮肉）といってよいでしょう。

2　現実＝リアルなものを再編する移動 (モビリティ)

　いまや，人・モノ・資本・情報・知識・観念などが移動する状況においてこ
そ，リアルなものは再編され実現されるようになっています。移動 (モビリテ
ィ) は，人・モノ・資本・情報・知識・観念などのフロー (流れ) を国境を越
えて絶えず生み出し，それらを奔流のように合流させつつ，移動する社会の風
景を私たちに見せているのです。

　そうすることで既存のリアルなものを「固定化」させることなく，つねに揺
るがせ，変化させ，〈新たな現実〉を絶えず生み出しているのだといえるでし
ょう。

　いや？　待てよ。

　現代の新型コロナウイルス感染症 (COVID-19) の感染拡大の状況では，国
境を越えていくような移動 (モビリティ) なんてなくなったのではないか──
そんな風に思われた方もいらっしゃるかもしれません。その通りです。

　だからこそ，現代は移動 (モビリティ) の時代だといえるのです。

　「え？　どういうこと？　矛盾しているのでは？」と思いますよね。でも，
よく考えてみると，現在のように観光をはじめ人の移動が止まってしまってい
るのは，新型コロナウイルス感染症がパンデミックに流行してしまったためで
はないでしょうか。つまり，新型コロナウイルス感染症が世界中を移動したか
らなのです。そして，新型コロナウイルス感染症は，中国の武漢で発生したあ
と，武漢を訪れた観光客や，武漢など中国各地から世界に渡った観光客といっ
た，まさに人の移動が，広めた可能性が高いのではないでしょうか？

　かつての社会においても，人々の生存を脅かす感染症はもちろんありました。

　でも，それは移動 (モビリティ) ではなく，不衛生な環境によってもたらさ
れるものでした。コレラやペストといった伝染病が，そうです。いまも，これ
らの感染症は猛威をふるっています。ただ，それは飲料水も含めて清潔な環境

を確保できない地域においてです。

　でも新型コロナウイルス感染症は違います。不衛生な環境であろうが，衛生的な環境であろうが，それは，区別なく（beyond boarders）猛威をふるいます。

　人やモノが国境を越え，世界中を移動していくからこそ，それはパンデミックに流行していくのです。人・モノ・資本・情報・知・観念などと並んで，ウイルスもグローバルに移動します。ウイルスが移動したからこそ，逆説的なことに，人の移動が止まってしまっているのが，現在なのです。ドイツの社会学者ウルリッヒ・ベックは，『世界リスク社会論』という本の中で，現代においては，ウイルス，テロ，気候変動などによるリスクは，このように国境を越えたグローバルなものとなっていると主張しています。

　さらにいえば，新型コロナウイルス感染症は，移動（モビリティ）によって境界を越えて誰でもが感染する可能性を持つがゆえに，「恐怖」を社会的につくりだし，逆に，「夜の街関連」とそうでないもの，ローカルとビジター，若者と中高年などの境界を社会的に生もうとするのではないでしょうか？

　社会に築かれた壁，境界をいかに越えていくのか。これをきちんと考えていけるのか——その問いが社会学を含めた人文・社会科学に対し，いま突き付けられているように思います。

3　移動（モビリティ）とデジタル革命

　でもウイルス以外は，移動（モビリティ）は止まったのではないか？　そんな風に思われるかもしれません。

　でも，それは，違います。私たちは授業で，Zoom などを使ってきました。これは，情報やイメージの移動ではないでしょうか？　新型コロナウイルス感染症の感染拡大状況の時ほど，情報やイメージが動き回っている時代は無かったといえるでしょう。

　この情報やイメージの移動においては，「デジタル革命」を経たメディアが

果たしている役割は大きいといえます。「デジタル革命」とは，メディアの仕組みがデジタルテクノロジーを用いた仕組みに移行することを意味するにとどまらず，メディアがデジタルテクノロジーを用いることによって，そのテクノロジーを支えていた社会システムをも大きく変えてしまうことをも意味する言葉です。

　例えば音楽を例に挙げるならば，現代の音楽聴取の仕方はスマートフォンから音楽配信アプリにアクセスし，ストリーミング配信されたデジタル音源を聴取するという方法が一般的になっていますね。こうしたテクノロジーが音楽市場を変え，人びとのライフスタイルにもインパクトを与え，ウォーキングやランニングをしたり，飛行機・電車・自動車に乗ったりと〈移動しながら聴取するもの〉へと，音楽のあり方そのものを変えてしまっているのではないでしょうか？

　このように考えるなら，私たちが生きる現代社会は，まさにモバイルでデジタルな社会であると特徴づけることができるでしょう。前にアイドルを事例に，第10章でお話した「虚構」と「実在」が同期化（シンクロ）する時代は，ここと深く関係しています。人・モノ・情報・イメージ・資本・観念・価値観などが世界中をグローバルに駆け巡りながら，「虚構」と「実在」がシンクロしていき，新しい現実を創りだしているのが，現在の社会なのではないでしょうか？

　それは，「モビリティ 3.0」の時代と言い換えることもできます。

　そう言っているのが，先に出てきたアンソニー・エリオットです。彼は私の研究仲間でもあり，立命館大学にお呼びして講演をお願いしたこともあります。

　彼はグローバルな移動（モビリティ）を，3つの時代に分けています。

　まず「モビリティ 1.0」の時代です。この時代は，人・モノ・資本・情報・観念・技術等が移動する状況が常態化するようになったグローバル社会が生まれた時代で，「グローバリゼーション」があちらこちらで議論されるようになった頃です。

次に，「モビリティ 2.0」の時代が訪れます。人・モノ・資本・情報・観念・技術などが移動する状況が常態化するようになったグローバル社会によって，私たちの「生」のありようが大きく変容しはじめるようになる時代です。つまり「モバイル・ライブズ（移動に大きく影響を受けた生き方）」となるのです。この時代には，私たちの自我もスマートフォンなどを用いた情報の移動等と切り離せないものとなります。またコミュニケーション・家族・教育・労働，さらにライフスタイルも，人・モノ・資本・情報・観念・技術などの移動（モビリティ）に大きく影響されるようになる段階です。

　そして現在，私たちは「モビリティ 3.0」の時代を生きていると，エリオットは主張します。AI やロボット工学など，デジタルテクノロジーが進み，それによってモビリティのありようが，これらの技術と深く絡み合いながら進化＝深化をとげていく段階です。それは，まさに，「虚構」と「実在」が同期化（シンクロ）する時代といえるでしょう。

4　新しい観光形態へ

　実は，私が主に社会学で研究している観光現象も，こうした点にこそ大きな可能性があると思っています。今後，観光産業は，どうなっていくのでしょうか？

　これまで省みられていなかったり，十分に掘り起こされていなかった「地域のコンテンツ」を創造し，人々に様々な経験をしてもらい感動を巻き起こしていくような産業になると，私は思っています。それは，これまでの観光産業では考えられていなかったようなかたちです。

　まさに，「地域コンテンツ創造産業」＝「経験創造産業」＝「感動創造産業」とも呼ぶべきものです。その時，観光はデジタルテクノロジーを融合させながら，これまでに私たちが見たことのない新たな観光のかたちをつくりだしていくことになるでしょう。

　テーマパークではVR等のバーチャルテクノロジーを用いて，実際に動いている以上にスリリングなアトラクションがあります。地域を観光する際にも，こうしたテクノロジーを積極的に活用し，人々の五感を刺激し，地域の豊かな文化・自然・歴史を豊かに経験し，感動を巻き起こすコンテンツを開発できるはずです。

　その中で，観光は，どのような意義をより鮮明に打ち出していくべきなのでしょうか？　それは，歓待（ホスピタリティ：もてなし）の贈与をもたらすという意義ではないでしょうか？　観光はデジタルテクノロジーを融合させながら，観光客に対して経験や感動を与え，世界に歓待（ホスピタリティ）を贈与することが重要となるのです。

　その時，観光において地域住民はこれまで以上に，観光客を歓待することが求められるでしょう（歓待の贈与＝歓待のギフト）。ただ観光客だけが歓待され，彼らが楽しめればそれで良いというのではもはやなく，観光客も，その地域の文化を大切にしなければならないでしょう。

　それは観光客から，地域の文化に向けた歓待です。それだけではありません。地域の文化が大切にされることで，地域の自然も大切に育まれるようになると思います。

　自然が大切に育まれることで，観光産業もより豊かになります。そうすると観光産業は，ローカルな地域社会の暮らしを経済的に豊かにすることができます。自然が産業に歓待を贈与し，産業が地域社会の暮らしに歓待を贈与するのです。そして観光によって地域社会が経済的に豊かになれば，地域住民は，さらに一層，観光客を歓待することになるでしょう。

　観光客・地域住民・文化・自然・産業……が相互にお互いを歓待し大切にしていくネットワークをつくっていくことが，求められるようになるのだと思います。私はこれを，歓待の贈与（ホスピタリティのギフト）のネットワークと呼んでいます。

　こうしてみると，観光という移動（モビリティ）は，世界にリスクを贈与す

るだけでなく，歓待（ホスピタリティ）を贈与する役割が今後求められるのではないでしょうか？　観光は，歓待の贈与のつながり（ネットワーク）をゆるやかに形成していく役割を可能性としてもつのです。

　ただし，それを実現するために私たちは，モビリティ・ジャスティス（移動の公正さ）を考慮に入れていかなければなりません。つまり，「ローカルな地域の暮らし・文化・自然などを破壊せず，逆に活性化（activate）できるグローバルなモビリティとは何か？」を常に問うことが必要なのです。

　観光とメディアの相互作用の中で，ローカル（地域）とグローバルの間の適正バランスを模索し続けることが必要となるでしょう。

5　夢見るようにリアリストたれ

　観光産業だけではありません。世界中を移動したウイルスによってパンデミックな流行をみた新型コロナウイルス感染症以後の時代を，私たちは生きていきます。

　その時，これまでに私たち自身が生きる社会のかたちをどのように設計していくのか？　これを考えることが大切になります。そのために必要なことは何でしょうか？　それは，徹底的にリアリストになることです。

　ただしリアリストには，2つのタイプがあります。現状を追認するだけのリアリストと，新しい可能性を見つけ出せるリアリストです。

　例えば春を過ぎればキャンパスの桜の木には，花が咲いていません。「桜の花は散ってしまった」というのは，現状追認型のリアリストです。

　でも見る人が見れば，「桜は生きていて，来年も満開の花が咲くな」と分かるはずです。確かに，すべて花が散ってしまっている桜の木を前にして，そうした態度は，現状追認型のリアリストからすると「夢想家」「夢見がちな人」にしか見えないかもしれません。

　ただ人には見えないかもしれないけれど，満開の桜の花が咲いているシーン

を思い描ける人こそが，これからの社会では必要になるのです。桜の花と同じように，この社会も，固定された状態ではなく，新たな可能性が常に内包されています。

　是非とも「夢見るようにリアリストたれ」という言葉を念頭に，観光のこと，さらには人間・歴史・文学・地域・文化・言語・コミュニケーション……。いろいろなことを学んでもらいたいと思います。

　「夢見るようにリアリストである」ことは，社会がこれまで当たり前だとしてきたことを，問い直すということです。いままで当たり前のように「これしかない」と思ってきたけど，実はそうじゃないということをみる。いまある社会のかたちだけが，すべてではないということをみる。つまり第4章で話したように，無数の「選択可能性」に支えられて，初めて「唯一無二」のものになっていただけだと分かる。それが必要になります。

　「なぜ，いままでそうであり続けてきたのだろう」という既存の世界に対する驚きは，「なぜ，いまそうなっているようなかたち以外のものにならなかったんだろう」という別の可能性への気づきでもあります。ニコラス・ルーマンというドイツの社会学者は，このことを「ありそうになさの公理」と言っていましたね。

　「別の可能性への気づき」を持てるようになれば，これだけが答えだとは思わなくなって，この世界が，いろいろな見え方をしてくるようになります。「なぜ，これは，こうなっているのだろう」と考えることのできる人だけが，つまり「そうなっていることへの驚き」と「別の可能性への気づき」を持てる人だけが，その仕組みが成り立たなくなる時に，その状況から社会の新たなつぼみを発見し，新しい仕組みを提案することができるのです。社会学はそういうことを促してくれる学問なのです。

　ということで，私たちは，本書の最初の最初のところにいま戻り，それを回収したことになります。

参考文献

アパデュライ，アルジュン（2004）『さまよえる近代』平凡社。

アーリ，ジョン（2015）『モビリティーズ——移動の社会学』作品社。

エリオット，アンソニー＆アーリ，ジョン（2016）『モバイル・ライブズ——「移動」
　が社会を変える』ミネルヴァ書房。

ベック，ウルリッヒ（2010）『世界リスク社会論——テロ，戦争，自然破壊』筑摩書房。

モース，マルセル（2014）『贈与論　他二篇』岩波書店。

山田広昭（2020）『可能なるアナキズム——マルセル・モースと贈与のモラル』インス
　クリプト。

終　章　再び社会学への招待

　これまで本書でテーマとしてきたことを，もう一度ふりかえっておきましょう。

　まず「社会学の視点」として，「当たり前を問い直す視点」を紹介しました（「動機の語彙」「認知的不協和の理論」等がこれに当たります）。次に，「社会学の対象」として，自我，コミュニケーション，恋愛，ジェンダー，家族，仕事・産業，行為，メディアと視聴者，文化，テーマパーク，都市，グローバル社会を取り上げながら，当たり前を問い直しつつ，これらを考えていきました。

1　社会学的想像力

　今まで取り上げてきた社会学の特徴とは，どのようなものでしょうか？　それは，社会の大きな力と小さな僕たちが交差する，その十字路（crossroad）で何が起きているのかを見つめるということです。

　「いまの社会」の中で「僕たちがどんなふうに生きているのか」を考える，そして「僕たちが生きていく」ことで「どんな社会がつくられているのか」を考える——これが大切となります。

　Mr. Children の「CROSS ROAD」という曲の歌詞にあるように，私たちは何度も何度も，自分と社会のクロスロードで，自分（たち）だけの答えを探し続けなくてはならないのではないでしょうか？　それは常に自分自身も含めて研究対象として見つめることを意味します。本書で自分の思い出話をよく語らせて頂いたのは，皆さんにわかりやすく社会学をお伝えしたいという思いもあったのですが，このことも理由であったりします。

　小さな「私」と大きな「社会」のクロスロードで何が生じているのかを問い続けるイマジネーション（想像力）。それこそ，社会学では重要です。「動機の語彙」について述べていたライト・ミルズという社会学者は，これを「社会学的想像力」と名づけています。

2　社会学において大切なこと

　ですから，社会学において重要なことは，社会や他者に対して何か神さまのように評論家っぽく振る舞うことではありません。自分も当事者の一人なのです。

　たとえ不器用でもいい。

　自分の問いを決して手放さず，自分という〈小さな存在〉から，コミュニケーション，恋愛，ジェンダー，家族，仕事・産業，行為という〈自分と他者の

188

関係）、メディア，文化，テーマパーク，都市，グローバル
社会という〈大きな存在〉まで，ひっくるめて考えること，こ
れが社会学においては大切なのです。いろいろと考え，悩み，
行動を起こし，とにかく人生のゴールまで一生懸命に歩きぬ
くこと。歩きぬいた時，人生のゴールの向こうに，あなたな
りの答えが見つかるはずです。

ベンヤミン

　それは唯一の答えではありませんが，選択可能だったものを，あなたが自分
自身で唯一無二としていった，あなただけの何よりも大切な答えなのです。人
生をゴールして初めて，ようやく，その先に，自分にとっての答えは，実は，
これだったのかと事後的に分かるのかもしれません。

　これは，もちろん私にも当てはまることです。

　社会学は，その答えを探す道具の一つです。

　でも，自分の答えを創ることができた時，私たちはもはや，ピーター・バー
ガーが言ったように，社会の操り人形などではなくなっているのです。私が彼
の本に惹かれたのはそこです。

　皆さんのこれからの長い人生を，各人が自分にとってのゴールに向かって歩
き続けて下さることを願っています。もちろん，人生は良い時ばかりでもなく，
明るい時ばかりでもありません。

　暗闇の中で自分が歩む人生の道のりが，もしかしたら見えにくくなることも
あるかもしれません。その時に助けになるものは何でしょうか？

　これも，私には分かりませんが，一つの言葉を「贈与」して，本書を締め括
りたいと思います。ヴァルター・ベンヤミンという思想家が，友人に宛てた手
紙の中の言葉です（ヘルベルト・ベルモーレ宛書簡）。

　　　「夜の闇の中を歩み通すときにたすけになるものは，（分断した道にかか
　　　る）橋でも，（夜空を翔ぶことのできる）翼でもなくて，（共に歩み，寄り添っ
　　　てくれる）友の足音だ。」（ベンヤミン 1975：76）

闇夜を歩いている時に，たとえ道が見えなくても，ただ一緒に歩いてくれる友の足音が側で聞こえるだけで，私たちは勇気を持ってその道を歩み抜くことができるのだと，ベンヤミンは言います。

　　願わくは，どうか，本書でお伝えしてきた社会学という学問が，皆さんにとって，寄り添い歩く友の一つになっていますように――

参考文献

ベンヤミン，ヴァルター（1975）『ヴァルター・ベンヤミン著作集14』晶文社。
ミルズ，ライト（2017）『社会学的想像力』筑摩書房。

さらに理解を深めるためのブックガイド

　本書をお読み下さった方の中で，社会学についてもっと理解を深めたいという方のために，ここではいくつかの本を紹介しておこうと思います。

（1）初　級　編

出口剛司（2019）『大学4年間の社会学が10時間でざっと学べる』KADOKAWA。
——タイトル通り「10時間で」というわけにはいきませんが，いつも手元におくと，社会学を学ぶ上で，頭がこんがらがってきたときにうまく整理できると思います。

現代位相研究所編（2010）『フシギなくらい見えてくる！　本当にわかる　社会学』日本実業出版社。
——100の項目で，社会学をとても簡単に解説してくれています。これも，いつも手元に置いておくと良いでしょう。索引も，社会学で分からない言葉が出てきた時の「辞典」の代わりになります。

岩本茂樹（2015）『自分を知るための社会学入門』中央公論新社。
——社会の大きな力と小さな僕たちが交差する，その十字路（crossroad）で何が起きているのかを見つめる——社会学がそのことをどれほど大切にしているのかを実感できます。

大石大（2019）『シャガクに訊け』光文社。
——これは社会学のテキストではなく，小説です。でも，社会学の考え方を感じて頂くことができると思います。

難波功士（2018）『広告で社会学』弘文堂。

——TV，新聞，WEBに掲載された広告・コピーをフックとして，社会学を
とても分かりやすく解説してくれています。

井上俊・大村英昭（1988）『社会学入門』放送大学教育振興会。

——1988年の出版なので，少し古い本です。でも，社会学の面白さが十分に
伝わる本で，いまなお色あせていません。ぜひご一読下さい。

友枝敏雄・竹沢尚一郎・正村俊之・坂本佳鶴恵（2017）『社会学のエッセンス
新版補訂版——世の中のしくみを見ぬく』有斐閣。

——元になった初版が1996年に出版されています。そのため，こちらも少し古
い印象もあるかもしれませんが，社会学の重要な考え方をきっちりと押さ
えてくれています。

西村大志・松浦雄介編（2016）『映画は社会学する』法律文化社。

——映画を入口にして，そこから社会学への導入をしてくれます。映画好きの
方はぜひご一読下さい。

　以上のような本を読まれて，今度はもう少し難しくても，もっと詳しく社会
学を知りたいなと思われた方は，次の本がお勧めです。

（2）中 級 編

西澤晃彦・渋谷望（2008）『社会学をつかむ』有斐閣。

——社会学のトピックスをふまえて，34章に分かれています。初級編と中級編
を橋渡しする際に読むのに適していると思います。

大澤真幸（2019）『社会学史』講談社。
──社会学の流れが大まかにつかめます。筆者の視点が少し色濃く出ているか
　もしれませんが，とても良い本です。

玉野和志編（2008）『ブリッジブック　社会学』信山社。
──この本も社会学の流れが分かりやすくつかめます。大澤真幸の『社会学
　史』よりも，もっと教科書風になっています。

土井文博・荻原修子・嵯峨一郎編（2007）『はじめて学ぶ社会学──思想家た
　ちとの対話』ミネルヴァ書房。
──「はじめて学ぶ」とされていますが，もう少し難しいと思います。でも，
　社会学者の何人かをピックアップして，「生涯と思想」「対話」「用語解説」
　という構成で，その人たちの考えがどんなものだったのかを知ることがで
　きます。なお，本書に掲載されている社会学者の写真のうち出典の無いも
　のは，この本より転載したものです。

奥村隆（2014）『社会学の歴史Ⅰ──社会という謎の系譜』有斐閣。
──「Ⅱ」の刊行が待たれますが，社会学の流れを概説してくれていて良書です。

　さらに社会学の上級編として，以下のような本はいかがでしょうか？

（3）上 級 編

佐藤俊樹（2011）『社会学の方法──その歴史と構造』ミネルヴァ書房。
──社会学の流れをたどりながら，社会学に何ができるのか，社会学をどのよ
　うに使うことができるのかを書いています。上級編となりますが，挑戦さ
　れると，いろいろな刺激が得られると思います。

作田啓一・井上俊（2011）『命題コレクション　社会学』筑摩書房。
——社会学で重要とされている命題を48個ピックアップして，それらを解説してくれています。初級・中級と進んできて，ある程度，流れをふまえた人が読むと，とても良い本です。

友枝敏雄・浜日出夫・山田真茂留編（2017）『社会学の力——最重要概念・命題集』有斐閣。
——こちらも社会学の命題を解説したもので，『命題コレクション　社会学』と併せて読むと良いです。

岸政彦・北田暁大・筒井淳也・稲葉振一郎（2018）『社会学はどこから来てどこへ行くのか』有斐閣。
——ここまで社会学を学んできて，「あれ？？？　でも社会学って結局何なの？」と思った時に読むと面白い発見があるかもしれません。

　以上，いろいろと書いてきましたが，結局一番大切なのは，ヴェーバーならヴェーバー，デュルケームならデュルケーム，ジンメルならジンメルの本そのものを読むということです。それに勝るものはありません。それが一番難しいけれど，一番面白い社会学のテキストとなってくれるでしょう。

あ と が き

　大学に入学して最初の授業でした。「社会学概論」という授業で、社会学部に入って、「一体これからどんな授業が展開されるのだろう」と、それなりに期待に胸をふくらませていました。

　先生が教壇に立って第1声目のことです。「タルコット・パーソンズのシステム論においては、機能的要件として AGIL が想定され……」。

　？？？？？

　何を言ってはるの？　言葉は日本語だけど、全部、意味が分からないんだけど……。そもそもタルコット・パーソンズって人名？　それともローリング・ストーンズ的な音楽バンドの名前？　やっぱり人名かな？　もしそうだとしたら誰？　いやいや、それよりもシステム論とはなんじゃい？　機能的要件？なにそれ？　AGIL って？　インスタントコーヒーの名前だったっけ？　あ、それは AGF か。

　このような疑問が頭をよぎっているうちに、すでに話はどんどん進んでいて、もうついていけなくなっていました。その数年後に大学院に進学しようとする頃にノートを読み返してみると、とても面白い授業だったのだなあと実感したのですが、さすがに1年生の最初では、あまりに難しすぎたように思います。

　この授業で展開されていたのは、米国の社会学者タルコット・パーソンズの社会学です。パーソンズが何を考えたかというと、本書で何度か出てきていた「ダブル・コンティンジェンシー（double contingency：二重の不安定さ）」の問題です。

　他者の出方によって自分のコミュニケーションは変わるし、自分の出方によって他者のコミュニケーションも変わる。その時、同じ価値観をもっているか

どうかも分かりません。ひとが他者と関わる時には，相手がどんな価値観のもとで行為をしようとしているのか悩みます。パーソンズは，その悩みどころは5つあるのだと言います。

① 相手が「好き・嫌い」という感情で行為しようとしているのか，感情をおしころして行為しようとしているのか？（感情的／感情中立的）
② 相手が自分自身のためだけに行為しようとしているのか，みんなのために行為しようとしているのか？（自己指向／集団指向）
③ 相手が正義とか理想といった人類にとって普遍的なもののために行為をしようとしているのか，自分たちだけに通じるもののために行為しようとしているのか？（普遍主義／個別主義）
④ 相手が性別や年齢などの属性を重視して行為しようとしているのか，いまのその人を重視して行為しようとしているのか？（属性主義／業績主義）
⑤ 相手がまるごとの自分に関心を持って行為しようとしているのか，一部の能力だけに関心を持って行為しようとしているのか？（無限定性／限定性）

（なぜこの5つなのかはさておき）2つのうちどちらを相手が大事にしてコミュニケーションをとるのか。——5つの側面で悩みどころがあるというわけです。とすると，2^5（32）通りの相手の出方があるというわけですよね。そして相手から見ても，自分の出方は同様に 2^5（32）通りですね。

こんなにごちゃごちゃしているのに，社会の秩序は，どうして成り立っているのでしょうか？　これについて，パーソンズは，相手と自分を含めた人びとが，集団として，4つのはたらき（機能）をもっているからだというのです。それが「AGIL」です。Aとは「集団が時代に適応するためのはたらき」（adaptation）です。Gとは「集団が自らの目標を達成するはたらき」（goal attainment）です。Ⅰとは「集団がメンバーをまとめ統合するはたらき」（integration）で，Ｌとは「集団がメンバーにやる気をあたえるはたらき」（latent pattern maintenance）だというのです。

『半沢直樹』というドラマで，そのことを考えてみましょう。『半沢直樹』は堺雅人が主演し，2013年7月7日〜9月22日，2020年7月19日〜9月27日にTBS系「日曜劇場」で放送されたテレビドラマです。銀行員である半沢が，バンカーとしてのプライドを保ちながら，銀行という組織の内外で敵対する多くの人々に打ち勝っていくドラマで，「やられたらやり返す。倍返しだ！」など多くの流行語を生みました。

このドラマでは，各自がみんなバラバラに行動をしています，でも最終的にはみんなが何となくバンカーとして同じ価値をもって，銀行という集団を成立させていきます。なぜ，そういう風に秩序だった集団になるのでしょうか？

それは，集団として要求されるはたらき（これを機能的要件と言います）を満たしているからなのです。きちんと営業成績を出して利益を上げ時代に適応していくはたらき（A），頭取のガバナンス（統治）のもと役員会の議決を遵守するはたらき（G），大和田常務のキャラクターのようにいろいろありながら最終的には銀行のために一致団結するはたらき（I），バンカーとしてのプライドを共有してやる気をもつはたらき（L），こういう4つのはたらき（機能）がある限り，どんなに行為がバラバラであっても，価値を共有し合うようになり，社会は秩序だったものになるというのです。なんで4つなのというのは，これもまた問わないように。パーソンズの本ではいつものことです（笑）。

という感じで，当時の私に教えてくれたら，社会学が1年生の最初からもっともっと楽しくなったと感じています。その際，講義と一緒に，楽しくて面白くて，しかも分かりやすい，でも社会学の考え方をきっちりと伝えてくれるテキストがあったら良かったのにと，ずっと思ってきました。

そのことをミネルヴァ書房編集部の音田潔氏に申し上げたところ，「それなら，ぜひ，つくりましょう！」とご快諾下さいました。新型コロナウイルス感染症（COVID-19）で出版事情が大変厳しくなっているにもかかわらず，出版

に至るまでミネルヴァ書房の方々には大変お世話になりました。音田氏，そしてミネルヴァ書房の皆さまに，深く感謝申し上げます。——ありがとうございました。

2020年10月

COVID-19 の状況下でも晴れわたる秋空を見ながら

著　者

索　引

あ　行

アイデンティティ　14, 15, 21
愛の承認　88-90
アセクシュアル　67
アドルノ，テオドール　132
アパデュライ，アルジュン　176, 177
アーリ，ジョン　176, 177
アリエス，フィリップ　78
ありそうになさの公理　10, 185
アング，イエン　125
一般住宅地帯　165
イデオスケープ　177
移動　167, 169, 177-180, 183
　　――の公正さ　184
意図せざる結果　111, 112
移民　166, 167
岩渕功一　157
印象操作　52
インターセックス　67, 68
インデックス性　31, 32
インナーシティ　168
ヴィトゲンシュタイン，ルードヴィヒ　29-31
ヴェーバー，マックス　110, 112, 161, 194
液状化　139
エスノスケープ　176
エスノメソドロジー　31, 36
エリオット，アンソニー　176, 177, 181, 182
エリクソン，エリク　14
欧州難民危機　89, 178
大澤真幸　139
オースティン，ジョン・ラングスロー　66
オーラ　147

か　行

階層　106, 114, 117
核家族　74, 75, 77
　　――普遍説　74, 75
拡大家族　74, 75, 77
　　修正――　74, 75
家族社会学　2
家族の個人化　81, 83
価値合理的行為　112, 113
カトリック　108
ガーフィンケル，ハロルド　31
カルチュラル・スタディーズ　121
環境社会学　2
観光　146, 159, 166, 169, 171
　　――社会学　2, 145
感情的／感情中立的　196
感情的行為　113
感情的リアリズム　126-128
感情労働　91, 92, 97-99
歓待　183
　　――と贈与のつながり（ネットワーク）　184
ギデンズ，アンソニー　82
機能　73, 74, 76
　　――的要件　195, 197
客我　20
虐待　80
キャントリル，ハドリー　118
教育的機能　76
虚構＝現実の時代　141
虚構性　170, 171
「虚構」と「実在」の同期化（シンクロ）　141, 143, 181, 182
虚構の時代　136, 137
　　――の果て　138, 139
儀礼的無関心　162, 163
近代家族　76, 77
クエスチョニング　67
グローバル　159, 172, 175, 189
グローバル・シティ　172
ゲイ　67

経験主義的リアリズム　126, 128
経済的機能　76
ゲーティッド・コミュニティ　167
言語内存在　128
顕在的機能　ii
現状追認型リアリスト　184
言説的ポジション　125
恋する社会　51
効果モデル　119
交渉的な見方　121, 123-126
合成家族　75
構造　73, 74, 76, 83, 147
合理的な行為　112
個人化　82
個人主義　109
古典的リアリズム　126-128
子ども期　78
子ども虐待　89, 90
ゴフマン，アーヴィング　21, 52, 162
コミュニケーション・メディア　46, 49
コミュニケーションの2段階の流れモデル
　　119, 120
孤立性　170, 171
コンスタンティブ　65, 66

さ　行

再封建化　169
サッセン，サスキア　172
サッチャー，マーガレット　96
ジェイムソン，フレドリック　143
ジェンダー　55, 61-63, 68, 69, 102, 107, 114, 117,
　　142
シカゴ学派　164-167
自己指向／集団指向　196
システム論　195
自分らしさ　→アイデンティティ
シミュラークル　146
シミュレーション　146-149, 151, 152, 156
自明性　9
社会化　76
社会学的想像力　188
社会的実験室　164

社会的ポジション　125
囚人のジレンマ　114
　　――・ゲーム　103
主我　20
シュッツ，アルフレッド　30
承認　87, 89, 91, 95, 99
女性らしさ　56, 58, 65, 66
ジョブズ，スティーブ　128
新型コロナウイルス感染症　10, 118, 142, 179,
　　184, 197
ジンメル，ゲオルグ　161, 194
真理性　26-30
スコット，ジョージ　61
ストレンジャー　161
頭脳労働　92
生産　147
誠実性　26-30
政治的無意識　143
生殖的機能　76
性的機能　76
正当性　26-30
世界内存在　128
セクシュアリティ　66, 68, 142
セグリゲーション　168
セックス　61, 68, 69
遷移地帯　165
潜在的機能　ii
選択可能性　46, 185
相互反映性　31, 34, 35
贈与　183, 189
属性主義／業績主義　196
ソジャ，エドワード　169

た　行

対抗的な見方　121, 123
脱「アメリカ文化」化　156
脱常識　2, 11, 23, 25, 84, 87, 115, 145, 157
脱「ディズニーランド」化　156
他人指向　19
ダブル・コンティンジェンシー　45, 95, 105, 195
男性らしさ　56, 58
地域社会学　2

知の高原　173
チャットボット　98
中心ビジネス地区　165
通勤者住宅地帯　165
デイヴィス，マイク　168
ディズニー，ウォルト　151
ディズニーシー　154
ディズニーパーク　156
ディズニーランド　92, 93, 146, 148, 151, 169
ディズニーリゾート　149, 152
テーマ化　150
テーマ性　170
テーマパーク　145, 146, 169, 187, 189
　　──化する都市　169
テクノスケープ　177
デジタル・テクノロジー　53
デジタル革命　180
デジタルテクノロジー　182
デュルケーム，エミール　108-110, 117, 161, 194
伝統指向　19
伝統的行為　113
動機の語彙　2, 3, 6, 11, 187, 188
東京ディズニーシー　152
東京ディズニーランド　146
東京ディズニーリゾート　152, 156, 157, 171
同心円理論　165, 167
都市社会学　2, 164, 166, 168
ドラマトゥルギー論　21, 22
トランスジェンダー　67
トランスナショナル　145, 155, 157
トランプ，ドナルド　178

な　行

内部指向　19
ナンシー，ジャン＝リュック　40
肉体労働　92
24時間性　170
認知的不協和　6, 9, 11
　　──の理論　6-9, 187
ネットワーク　154
能登路雅子　151

は　行

廃棄された生　139
バイセクシャル　67
ハイデガー，マルティン　128
ハイブリッド消費　150
バウマン，ジークムント　139
ハーヴェイ，デヴィッド　97
バーガー，ピーター　114
パーク，ロバート　164, 165
バージェス，アーネスト　165
パーソンズ，タルコット　195
バーチャル　53
　　──・アイドル　83
バトラー，ジュディス　69
ハニガン，ジョン　169
ハーバーマス，ユルゲン　26
パフォーマティブ　65, 66
　　──労働　92, 93, 150, 151
バブルの時代　18
反（アンチ）グローバリズム　178
パンセクシュアル　67
非人格的な人間関係　161
ヒップホップ・カルチャー　168
ヒューマノイドロボット　98
ファイナンススケープ　177
ファンタジー・シティ　170, 171
フィールドワーク　165, 168
フィクショナル（虚構的）　138
フーコー，ミシェル　68
フェスティンガー，ライト　7
フォーディズム　96
　　ポスト・──　96
不可能性の時代　139, 140
複婚家族　74, 75
普遍主義／個別主義　196
ブライマン，アラン　92, 150
ブランド性　170
ブルデュー，ピエール　106, 117
フレキシビリティ　96
プロテスタント　108
フロム，エーリッヒ　114, 132

文化産業論　132
ベッカー，ハワード　21
ベック，ウルリヒ　180
ベンヤミン，ヴァルター　189
法の承認　88-90
ボードリヤール，ジャン　146
ホール，スチュアート　121, 124
ホスピタリティ　→歓待
母性イデオロギー　78
ホネット，アクセル　88, 132
ポピュラーカルチャー　131, 145, 146, 159, 166
ホルクハイマー，マックス　132

ま 行

マーチャンダイジング　150, 151
マードック，ジョージ・ピーター　74-77
マートン，ロバート　111
マルクス，カール　106
見合い結婚　43, 44, 78
未完のプロジェクト　28
見田宗介　15, 135, 139
ミード，ジョージ・ハーバート　20
ミルズ，ライト　5, 188
無限定性／限定性　196
村上裕一　141
メディア　46
　——スケープ　177
　——内存在　128, 131
目的合理的行為　112, 113
モジュール性　170, 171
モバイル・ライブズ　175, 176
モビリティ　→移動
　——・ジャスティス　→移動の公正さ
　——1.0　181
　——2.0　182
　——3.0　181, 182
モーレイ，デビッド　124, 125

や 行

唯一無二　185

——性　46
友情の社会学　2
優先的な見方　121, 123
夢の時代　136
夢見るようにリアリストたれ　185
予言の自己成就　111, 112

ら 行

ライフコース　78
ラザースフェルド，ポール　119
ラストベルト　164
ラトゥール，ブリュノ　154
ラベリング論　21, 22
ラベル（レッテル）　21
リア充　51
「理解」＝「誤解」　30
リースマン，デイヴィッド　19
理想の時代　136
利用と満足モデル　120
ルーマン，ニコラス　10, 47, 185
レズビアン　67
恋愛結婚　43, 44, 78
連帯の承認　88-91
労働者住宅地帯　165
ロサンゼルス学派　167
ロストジェネレーション　18
ロマンティック・ラブ・イデオロギー　78

欧 文

AGIL　195, 196
AI　98, 182
CBD　→中心ビジネス地区
COVID-19　→新型コロナウイルス感染症
LGBTQIA　68
LGBTQIA＋　67
M字型曲線　79
TINA　97
Xジェンダー　67

著者紹介

遠藤英樹（えんどう・ひでき）

　　1963年生。
　　1995年　関西学院大学大学院社会学研究科後期博士課程単位取得退学。
　　現　在　立命館大学文学部教授。
　　主　著　『現代文化論──社会理論で読み解くポップカルチャー』ミネルヴァ書房,
　　　　　　2011年。
　　　　　　『モバイル・ライブズ──「移動」が社会を変える』（監訳）ミネルヴァ書房,
　　　　　　2016年。
　　　　　　『ツーリズム・モビリティーズ──観光と移動の社会理論』ミネルヴァ書房,
　　　　　　2017年。
　　　　　　『現代観光学──ツーリズムから「いま」がみえる』（共編著）新曜社,
　　　　　　2019年。
　　　　　　Understanding Tourism Mobilities in Japan（ed.）Routledge, 2020.

JASRAC 出 201111031-01

ポップカルチャーで学ぶ社会学入門
──「当たり前」を問い直すための視座──

2021年4月1日　初版第1刷発行	〈検印省略〉

定価はカバーに
表示しています

著　者　　遠　藤　英　樹

発行者　　杉　田　啓　三

印刷者　　江　戸　孝　典

発行所　　株式会社　ミネルヴァ書房

　　　　　607-8494　京都市山科区日ノ岡堤谷町1
　　　　　電話代表　（075）581-5191
　　　　　振替口座　01020-0-8076

© 遠藤英樹, 2021　　　　　　　　　共同印刷工業・藤沢製本

ISBN978-4-623-09129-4
Printed in Japan

ツーリズム・モビリティーズ

遠藤英樹 著
Ａ５判／196頁／本体2500円

よくわかる観光社会学

安村克己・堀野正人・遠藤英樹・寺岡伸悟 編著
Ｂ５判／224頁／本体2600円

モバイル・ライブズ

アンソニー・エリオット，ジョン・アーリ 著／遠藤英樹 監訳
Ａ５判／266頁／本体5000円

ジェントリフィケーションと報復都市

ニール・スミス 著／原口剛 訳
Ａ５判／480頁／本体5800円

再魔術化する都市の社会学

園部雅久 著
Ａ５判／264頁／本体5500円

犯罪統制と空間の社会学

山本奈生 著
Ａ５判／272頁／本体6000円

ミネルヴァ書房
https://www.minervashobo.co.jp/